Smoothies

Forkortelser og måleenheder:

cl = centiliter (1 cl svarer til 10 ml)
dl = deciliter (1 dl svarer til 100 ml)
g = gram
ml = milliliter
spsk. = spiseske
tsk. = teske
knsp. = knivspids
1 bundt = ca. 30 g

Alle opskrifter svarer til 2 glas, medmindre andet er angivet.

© Naumann & Göbel Verlagsgesellschaft mbH
inden for VEMAG Verlags- und Medien Aktiengesellschaft
Emil-Hoffmann-Str. 1, 50996 Køln, Tyskland
www.vemag-medien.de
Forsidebillede: Studio Klaus Arras, Køln
Opskrifter og billeder, side: 44/45, 60/61, 62, 63, 68/69, 72/73, 78/79, 80/81,
86/87, 90/91, 92/93, 94, 95, 102/103, 106/107, 108, 109, 120/121, 124/125,
128, 129, 130/131, 134, 135, 142/143, 156/157, 160, 161, 168/169, 176, 177:
TLC Fotostudio
Alle øvrige opskrifter og indledning: Susanne Grüneklee, Køln
Alle øvrige billeder: Studio Klaus Arras, Køln
Oversættelse til dansk: Lea Dyrting og Anne Sofie Kirketerp, Lingo ApS
Samlet produktion: Naumann & Göbel Verlagsgesellschaft mbH

Trykt i Kina
ISBN 978-3-625-12150-3

Smoothies

Hjemmelavede frugtpuréer
og saftshakes

Indhold

Indledning

Indledning

Smoothies og shakes er både lækre og sunde og gælder som absolutte trends, når det drejer sig om drikkevarer. "Smoothie" stammer fra det engelske og beskriver drikkens konsistens: smoothies er tyktflydende safter fra alle slags frugter, som til dels bliver tilberedt med grøntsager. De er "smooth", hvilket betyder "bløde" eller "tyktflydende". I modsætning til andre frugtdrikke, som kun bliver fremstillet af frugtsaft og derfor heller ikke kan blive tyktflydende, bliver smoothies fremstillet af hele frugter. Der bliver hovedsageligt pureret frugter fra den pågældende sæson, og når denne frugtpuré bliver for tyktflydende bliver der blandet op med juice, mælk eller vand. Det gode er, at der er grænseløse muligheder, hvad angår sammensætningen af frugt og co. Alt er muligt! Princippet bag smoothie-fremstillingen er med sikkerhed ingen nyhed.

I solrige lande med et stort udbud af frugt er der formodentligt blevet mikset og drukket frugtjuice og puréer i flere årtusinder.

Opfindelsen af blenderen eller "tryllestaven" har imidlertid haft stor betydning for smoothiens videre historie, eftersom det nu er muligt at fremstille særligt lækre konsistenser i løbet at blot få sekunder.

Den lækre kombination af pureret frugt og is fremstillet ved hjælp af blenderen har også været en vigtig milepæl i smoothiens historie.

Ideen bag de moderne smoothies kommer oprindeligt fra USA. Her, nærmere betegnet i 1960'ernes New Orleans, levede Stephan Kuhnau. Kuhnau var allergisk overfor en række fødevarer og led desuden af sukkersyge. Han begyndte at blande friske frugter og forskellige fødevaretilsætninger for at lindre sine lidelser. I løbet af kort tid forbedrede hans sygdomstilstand sig så grundlæggende, at han i 1973 åbnede den første "smoothie-shop", hvor han videregav sine ideer og erfaringer og samtidig solgte yderst velsmagende smoothies. Ideen blev straks en succes: sunde og velsmagende drinks, som ikke indeholdt alkohol og altså var familievenlige, og som tilmed havde uendelige variationsmuligheder. Denne forretningsidé blev modtaget med stor interesse og bredte sig hurtigt. I USA kan man i stort set alle byer finde diverse smoothie-butikker, som udbyder friske smoothies i alle tænkelige varianter.

Der er for nylig også opstået stor interesse for smoothies i Danmark. I løbet af få måneder har små og store producenter bragt disse tyktflydende frugtblandinger på markedet, og der er tale om en branche, der får stigende opmærksomhed. Der er imidlertid temmelig stor forskel på smag og kvalitet. Den væsentligste forskel er andelen af frugtpuré samt ingrediensernes friskhed. Hos en del af producenterne fremstilles smoothies hovedsageligt af færdigfremstillede safter, hvilket har en negativ indflydelse på kvaliteten. Da der tit ikke engang bruges rene safter, men derimod frugtkoncentrater eller nektar med et meget lavt frugtindhold, bliver kvaliteten forringet yderligere. Når holdbarheden samtidig forlænges gennem opvarmning, hvor vigtige vitaminer går tabt, er man pludselig meget langt fra den oprindelige idé om den friske smoothie, der bliver indtaget kort efter fremstilling.

Rigtige smoothies består af mere eller mindre hele frugter, som bliver tilberedt i blenderen, mens de stadig er friske og blandes med frisk

juice, mælk eller vand, inden de indtages kort efter tilberedning. Kun sådan bliver resultatet den smagsoplevelse, som har begejstret mennesker på verdensplan, og som gør konsumenten til en rigtig smoothie-fan.

Rigtig friske smoothies kan man derfor kun få i restaurationsbranchen – eller man kan selv fremstille dem derhjemme, hvor de kan tilberedes individuelt, hurtigt og kun af de bedste frugter. Det gode er, at sådanne rigtige smoothies ikke blot er ekstra lækre, men også utroligt sunde. De indeholder mineraler, vitaminer, vigtige mikronæringsstoffer, er fiberholdige og gør det nemt regelmæssigt at gøre noget godt for ens krop.

Smoothies og saftshakes er en helt særlig, behagelig blanding af sundhed, nydelse og sjov. Generelt er helt modne frugter særligt egnede til smoothies, da man således undgår tilsætningen af sukker. Moden frugt giver samtidig mere frugtsaft og er meget aromatisk i smagen. Én frugt findes i særligt mange opskrifter: bananen. Dens cremede konsistens passer perfekt til smoothien og dens smag er samtidig ikke alt for fremtrædende. Yoghurt, kefir og andre mælkeprodukter har ligeledes denne effekt og tilføjer samtidig drikken en række vigtige næringsstoffer.

Friske frugter

Det er efterhånden blevet en kendsgerning: rent ernæringsfysiologisk er det væsentligt bedre at indtage den daglige ration af grøntsager og frugter i frisk form end at sluge en vitaminpille for at sikre sig de manglende vitaminer og næringsstoffer. I friske frugter bibeholdes vigtige næringsfibre og mikronæringsstoffer, som mangler i de industrielt fremstillede piller. Kroppen har lettere ved at optage de naturlige vitaminer og næringsstoffer end de kemisk fremstillede blandinger. Men også hvad angår friske ingredienser er der store kvalitetsforskelle. Lang transporttid, for tidligt høst og lang lagringstid kan formindske indholdet af sunde næringsstoffer, mens rester af plantebeskyttelsesmidler direkte kan skade konsumentens sundhed. Det er derfor vigtigt så vidt muligt altid at anvende friske og modne sæsonvarer, som helst skal være ubehandlede. Vores kalender viser, hvornår der er sæson for en række indenlandske frugter.

Frugt-sæson-kalender

● = Ideel høsttid   ◯ = Tidlig/sen høsttid

	Jan.	Feb.	Marts	April	Maj	Juni	Juli	Aug.	Sep.	Okt.	Nov.	Dec.
Æbler						◯	◯	●	●	●	●	
Abrikoser						◯	●	●				
Pærer							◯	●	●	●	●	
Brombær							◯	●	●	◯		
Jordbær					●	●	●	◯	◯			
Blåbær						◯	●	●	●			
Hindbær					◯	●	●	●	●			
Hyldebær									●	●		
Solbær						◯	●	●	◯			
Kirsebær						●	●	●				
Mirabeller							◯	●	●			
Nektariner						●	●	●	◯			
Nødder							◯	◯	●	●	●	◯
Ferskener							●	●	●			
Blommer							●	●	●			
Tyttebær								●	●	●		
Kvæder									◯	●	●	◯
Reine Claude-blommer							●	●	●			
Rabarber				●	●	●	◯					
Stikkelsbær						●	●	●	◯			
Vindruer								◯	●	●		
Sveskeblommer							●	●	●			

Mix it baby!

Tips og tricks til fremstilling af frisk juice

Da smoothies tit bliver fortyndet med juice og da du i denne bog, udover smoothie-opskrifter, også får ideer til rene saftshakes, vil du nu få en forklaring på metoderne bag udvindingen af juice. Dette er til alle, der ikke ønsker at benytte færdigfremstillede safter, men derimod stræber efter en helt særlig smagsoplevelse.

Der findes forskellige metoder, når man skal berøve frugterne deres saft. Udstyret er ikke helt ubetydeligt, da det sjove allerede starter ved tilberedningen, hvis man er en ægte frugt-fan. Det første gode råd: køkkenredskaber i metal, som kommer i kontakt med frugter, bør være af rustfrit stål, da man ellers kan risikere uønskede vekselvirkninger.

Kold udvinding

Man kan eksempelvis udvinde både saft og sirup af hindbær helt uden opvarmning: hindbærrene bliver omhyggeligt sorteret, skyllet og tørret inden de hældes i en skål. Til 1 kilogram frugter bliver der tilsat 1 liter vand og 90 gram citronsyre. Lad det hele trække i 24 timer og rør et par gange i løbet af denne periode. Næste dag skal saften filtreres fra, hvilket eksempelvis kan ske ved hjælp af en sigte. Skålen og sigten skal kunne stå ordentligt fast ovenpå hinanden, da processen, til trods for at den er

forholdsvis simpel, stadig er meget tidskrævende. Først efter 1 til 2 timer er al saften løbet igennem. Bruges et stykke klæde i stedet for en sigte, bør man være opmærksom på, at frugterne ikke må presses igennem klædet, da dette har indvirkning på farven, som på grund af løse stoftrevler ikke vil få sin optimale kulør.

Hvis saften skal laves til sirup, skal der til hindbærrene (cirka 1,5 liter) tilsættes 1,5 kilogram sukker og en passende mængde atamon (se flasken). Det hele skal omrøres i 10 til 20 minutter – altså mindst indtil sukkeret er helt opløst. Derefter skal hindbærsiruppen fyldes i varme, sterile flasker. I modsætning til gelé skal skummet ikke tages fra, da det forsvinder af sig selv i løbet af den næste dag. En sådan, koldt presset sirup er god at fremstille af bær med et højt indhold af frugtsaft. Den er rig på vitaminer, meget aromatisk og har en flot farve.

Udvinding ved dampning

Denne metode kræver en speciel gryde: den såkaldte saftkoger, der ofte kaldes en Tutti Frutti. Den indeholder en frugtsigte, som frugten bliver hældt i. Hvis man efterfølgende opvarmer vandet i den nederste del på et blus, trænger dampen op i den øverste del og op til sigten, frugterne falder sammen, og saften drypper ned i den saftbeholder, som er placeret under sigten. Beholderen har en taphane med en slange, hvorfra saften kan fyldes på flasker.

Udvindingen ved hjælp af damp egner sig ligeledes til bær, såvel som sten- og kernefrugt, som er blevet skåret i mindre stykker. Ved sure frugter tilsættes der en smule sukker: 100 gram sukker til 1 kilogram frugt. Processen varer knap 1 time, hvis der eksempelvis er tale om æbler, som får udvundet deres saft ved hjælp af saftkogeren.

Hvis ingrediensen er bær, går det væsentligt hurtigere: ved hindbær varer det eksempelvis 30 og ved brombær ca. 40 minutter. Mens saften stadig er varm, bliver den hældt i steriliserede glasflasker, som ligeledes er varme. Så bliver flaskerne lukket tæt sammen og vendt på hovedet i ca. 5 minutter.

Omdrejningen og den langsomme afkøling medfører et sterilt vakuum, som gør, at saften efterfølgende kan holde sig i cirka 1 år.

Udvinding af saft ved hjælp af centrifuge

Centrifuger arbejder, ligesom navnet hentyder til, ved hjælp af den såkaldte centrifugalkraft. Der sidder en motor forneden, foroven sidder der et rivejern. Frugterne bliver hældt på foroven og bliver i løbet af processen trykket mod rivejernet. De bliver derved formindsket og kastet ud i siderne. De faste bestanddele bliver hængende i tromlen og saften løber igennem hullerne og ned i en beholder. Centrifugen egner sig til alle saftige frugter, som også kan indeholde små kerner.

Stenfrugter skal udstenes inden de kan hældes på centrifugen og æbler skal ligeledes have fjernet deres kernehus, da der ellers kun bliver lavet en tyktflydende grød. Saftcentrifugen egner sig frem for alt til fremstillingen af safter, som skal drikkes umiddelbart efter fremstillingen.

Flasker og glas steriliseres

Uanset om man udvinder frugtsaften koldt eller varmt: flaskerne og glassene, som frugtsaften skal hældes på, hvis den ikke skal bruges med det samme, skal være helt rene og sterile, da der ellers hurtigt dannes mug.

For at sterilisere flasker og glas inden påfyldning, skal de opvarmes, så de kan blive sterile, men også fordi koldt glas kan springe, når man påfylder varm væske. Du kan hælde varmt vand fra elkedlen henover beholderne og deres respektive låg. Du kan dog også koge lågene i vand og stille beholderne i ovnen ved 100° C.

Purering i blenderen

Den der tror, at alle blendere er ens, tager fejl. Der findes ikke kun forskellige priser, men også store forskelle, hvad angår kvaliteten.

Følgende tjekliste kan hjælpe, når du skal købe denne helt elementære "Smoothie-hvidevare":

- Har apparatet flere hastighedstrin, hvor der er en reel forskel mellem de enkelte hastigheder?
- Er beholderen stor nok?
- Er apparatets motor stor nok og har motoren en indbygget overophedningsbeskytter?
- Er apparatet nemt at tage fra hinanden og passer delene ned i opvaskemaskinen?

- Har apparatet skridsikre og støjdæmpende gummifødder?
- Er ledningen lang nok?
- Har det gode knive i rustfrit stål?

Yderligere egenskaber:

- Er der et specielt redskab til hakning og til at skære tørre fødevarer og/eller et specielt redskab til hakning og skæring af fugtige fødevarer (f.eks. frugtkød osv.)?
- Kan apparatet også skære isterninger i mindre stykker?

Pep-ups

Når man skal dekorere smoothies, sætter
kun kreativiteten grænser. I og omkring
glasset kan man pynte med alt, hvad man
kan lide, hvad der smager godt og hvad der
passer til den pågældende smoothie. For ikke
at overtrumfe smoothiens smag, bør man und-
gå at tilsætte andre eller meget dominerende
aromaer, når man vælger dekorationen.

Overrask dine gæster med kreative, friske
og saftige kreationer, for hvad øjet ser, er
en del af den samlede oplevelse. Men på trods
af den individuelle frihed vil vi ikke snyde dig
for et par gode råd og ideer.

Dekorationstips med frugter

Ved dekorationen med frugter er der to grund-
læggende varianter. For det første: et par sær-
ligt flotte eksemplarer af den anvendte frugt
skæres i stykker eller bruges hele og sættes
eventuelt på et frugtspyd. For det andet: frugt-
dekorationen sættes på glassets kant. Til den
sidstnævnte variant er appelsin-, citron- og
limeskiver særligt populære. Stjernefrugten er

dog også særligt velegnet til denne slags glas-
dekoration: hvert glas pyntes ganske enkelt
med en skive af den udskårne frugt, som
sættes på kanten af glasset. Man kan også
bruge faste kiwier samt ananas- og melon-
skiver til samme formål. Noget ganske
særligt er i dette tilfælde at lade skallen
blive siddende på frugten.

I forbindelse med drikke, som bliver lavet
i blenderen, er det vigtigt at tænke på at
lægge dekorationerne til side rettidigt. Ved
den tidligere nævnte dekoration med citrus-
frugter skal man altså lægge nogle skiver
til side fra frugtens midte, inden frugterne
bliver presset.

Det er også flot med en spiral af skrællen
fra en appelsin, citron eller lime: til dette
formål skal der bruges en ubehandlet citrus-
frugt, som skal vaskes grundigt, hvorefter
skrællen skæres forsigtigt af med en skarp
kniv, uden at skrælle den hvide, bitre med.
Hæng spiralen på glasset og tryk den en
smule, så drinken får et pift af skrællens

Amarena-kirsebær er ligeledes et godt pift, især til smoothies med is eller fløde.

Længere spyd er ligeledes velegnede: spid tre eller fire frugter og skub dem til den stumpe ende af spyddet, og stil spyddet i glasset, så frugterne stikker op. Denne dekoration bliver særligt iøjnefaldende, hvis du benytter dig af naturspyd. Citrongræs er særligt egnet, da den er fast og tilsætter et præg af citrus uden syre.

Dekorationer med sprød kant

En sprød kant er en særlig flot og lækker dekoration til smoothies og shakes. Fremstillingen er meget enkel: fugt kanten af glasset med en kvart citron og dyb efterfølgende glasset i sukker, salt, kokosrasp, kakaopulver, små sukkerperler, fint hakkede urter eller lignende.

Glasset skal efterfølgende børstes let af, så overskydende pynt kan falde af. Du kan selvfølgelig også fordele de tørre og fugtige ingredienser i to tallerkener og først dyppe glasset i det fugtige og så i det tørre. Det er også nemt at

olie. Denne dekoration egner sig særlig godt, hvis citrusfrugter også er en del af den oprindelige opskrift. Små frugtspyd er ligeledes flotte som pynt og kan give et lille optisk hint om, hvilke frugter, der gemmer sig i selve smoothien. Alt efter smoothiens sammensætning kan du eksempelvis sætte ananasstykker, appelsinskiver, kiwiskiver, kirsebær, vindruer og anden frugt på et træspyd, f.eks. en tandstik, og efterfølgende blot lægge frugtspyddet på kanten af glasset. Hvis du kan lide det sødt og farverigt, kan du også bruge cocktailkirsebær, som altid passer godt som dekoration.

lave farverige kanter. Tag blot en farvet sirup eller en meget farvet saft (f.eks. rødbede og hindbær) i stedet for citronsaften. Sæt efterfølgende glassene i køleskabet og undgå at røre kanten, når dine smoothies skal hældes på de dekorerede glas.

Dekorationer med isterninger

Smoothies kan også dekoreres med isterninger. Frugter som er omsluttet af isterninger ser eksempelvis meget elegante og stemningsfulde ud og kan fremstilles uden den helt store arbejdsindsats. Hæld blot små frugtstykker eller bær i isterningebeholderen, fyld det hele med vand og læg dem i fryseren.

Et godt råd: isterningerne bliver særligt gennemsigtige og flotte, hvis man bruger kogt vand.

Farvede isterninger ser også godt ud. Til dette formål skal du hælde saft eller (fortyndet) sirup i isterningebeholderen og lade den stå i fryseren tilstrækkeligt længe. Sådanne isterninger

har samtidigt den egenskab, at isterningens saft langsomt bliver blandet med drikken. Du skal derfor holde særligt øje med, at isterningens smag komplementerer resten af smoothien.

Andre dekorations-ideer

Udover den klassiske dekoration findes der selvfølgelig uendelig mange andre varianter. Prøv alt efter opskrift at eksperimentere med disse dekorationsvarianter:

- hele purløgsstrå
- tomater eller en selleristang
- spiselige blomster
- enkelte ananasblade
- flødeskum, kakaopulver, krokant og revet chokolade

Et sidste råd med på vejen: alle opskrifter og ingredienser gælder, hvis ikke andet er angivet, for to store glas. Med denne bog vil

alle smoothie- og saftelskere blive præsenteret for en mangfoldighed af nye yndlingsdrikke – og den, der forsøger sig med frugter, dufte og smagsretninger vil også hurtigt selv få lyst til at eksperimentere og afprøve opskrifter med nye og anderledes kombinationer. Udvalget af lækre frugter, de gennemgående muligheder for nye kombinationer, de kulørte farver og dekorationer og den hurtige tilberedning er det helt rigtige for folk med temperament og en god fantasi.

Der er kun tilbage at ønske god fornøjelse med at mikse, shake, nyde og afprøve!

Helt enkle smoothies

Abrikos-smoothie

Ingredienser

300 g abrikoser
1 pære
1 lille banan
2 spsk. havtornsirup
knust is
abrikossaft til at fortynde
2 ananaskirsebær til pynt

Hæld kogende vand over abrikoserne og vent lidt, inden du efterfølgende fjerner skindet og stenene. Skyl pæren og fjern kernehuset. Skræl bananen. Hæld frugterne og siruppen i en blender og purér det hele grundigt. Tilsæt en smule knust is og saft og miks ingredienserne sammen. Den, der foretrækker en mere flydende smoothie, skal blot tilsætte mere saft eller vand. Pynt med ananaskirsebær og servér.

Vores gourmet-tip

Når du køber abrikoserne, skal du være opmærksom på, at de skal være virkelig modne og søde, da de ikke modnes yderligere efterfølgende. Nogle abrikoser ser indbydende ud, men deres modningsproces er bevidst blevet afbrudt, så de har været bedre rustet til lange transporter. Sådanne frugter er temmelig kedelige og melede i smagen og egner sig højst til at blive kogt eller brugt til bagning.

Hindbær-smoothie

Skyl hindbærrene, sorter dem og lad dem dryppe grundigt af.
Læg en håndfuld hindbær til side. Skræl bananen.
Hæld hindbærrene og bananen i blenderen eller stavblenderen
og tilsæt vaniljesukker inden ingredienserne mikses grundigt
sammen. Fortynd eventuelt med en smule vand.
Hvis smoothien skal være sødere, kan man smage til med
vaniljesukker. Fordel smoothien i glas og pynt med de hindbær,
der tidligere blev lagt til side.

Ingredienser

300 g hindbær

1 banan

1 tsk. vaniljesukker

Vores vitamin-tip

*Friske hindbær smager bedst i højsommeren, da
de kun har sæson netop her. Frosne frugter er
dog også velegnede til en smoothie: ved industriel
chokfrysning, som producenterne benytter, bliver
bærrene utrolig hurtigt frosset ned til under minus
30 °C. Denne procedure gør, at cellerne kun danner
meget små iskrystaller, som ikke får indflydelse på
bærrenes meget skrøbelige cellestruktur. Således
bibeholdes vitaminer, mineraler, vigtige indholds-
stoffer samt smagen.*

Forfriskende agurke-smoothie

Ingredienser

½ salatagurk
½ rød peberfrugt
½ forårsløg
250 ml tomatsaft
3 tsk. citronsaft
2 tsk. Worcestershire-sauce
¼ tsk. salt
¼ tsk. friskmalet peber
¼ tsk. Tabasco
knust is

Skyl agurken, skræl den og brug en teske til at fjerne kernerne. Skyl peberfrugten, gør den i stand og dup den tør. Skyl forårsløgene og gør dem i stand. Skær det hele i mindre stykker. Hæld alle ingredienserne, på nær den knuste is, i blenderen og purér dem indtil de har fået den ønskede konsistens. Stil efterfølgende smoothien i fryseren i mindst 30 minutter. Fordel smoothien i glas, fyld op med knust is og rør rundt. Serveres med det samme.

Vores dekorationstip

En stilk mynte eller dild er flot som pynt til denne smoothie. Man kan ligeledes bruge hjulkroner som pynt. Disse blå og yderst dekorative spiselige blomster har også en let smag af agurk og er derfor en fremragende ledsager til smoothien. Denne smoothie er i øvrigt en storartet måde at starte en varm sommerdag på, prøv det!

Ingredienser

2 papajaer
1 lille banan
1 spsk. honning
400 ml guavasaft
2 skiver fra en ubehandlet lime
og mynteblade til pynt

Mexicansk smoothie

Skær papajaerne i mindre stykker, fjern kerner og tråde, skræl dem og skær frugtkødet i mindre stykker. Skræl bananen og stil den sammen med papaja-frugtkødet i fryseren i kort tid. Purér frugtkødet og bananen sammen med honningen i blenderen. Tilsæt guavasaften og blend på høj hastighed, indtil smoothien er dejlig cremet. Pynt med limeskiver og mynte og servér!

Vores gourmet-tip

Når du skal købe papajaer, kan det anbefales at foretage en tryktest: Hvis man let kan trykke papajaen med fingrene, er den moden. Hvis man kan trykke den alt for let, er den overmoden. Man kan sammenligne frugtkødets konsistens med en avocados.
OBS: Bliv ikke afskrækket af brune pletter. De ses ofte kun på overfladen, er nemme at skære fra og kan sågar være et positivt tegn på frugtens modenhed.

Gulerods-æble-smoothie

Ingredienser

2 syrlige æbler
2 gulerødder
1 tsk. ahornsirup
1 spsk. citronsaft
æblejuice til at fortynde
isterninger

Skyl æblerne og gulerødderne og dup dem tørre. Skær hvert æble i kvarte og fjern kernehusene. Skræl gulerødderne og skær dem i stykker. Purér både æbler og gulerødder i blenderen. Smag til med ahornsirup og – gerne friskpresset – citronsaft. Tilsæt æblejuice indtil smoothien har den rette konsistens. Tilsæt isterninger efter behov og servér med det samme.

Vores gourmet-tip

Denne opskrift kræver en god blender, der også kan arbejde med friske gulerødder, da færdigkøbt gulerodsjuice ikke giver samme gode resultat.

Tranebær-drue-smoothie

Skyl og sortér æblerne, vindruerne og tranebærrene og gør dem i stand. Hæld vindruerne og tranebærrene i blenderen og purér dem. Skær æblerne i stykker og pres saften ud af dem. Tilsæt æblejuicen til frugtblandingen, rør grundigt rundt og fyld smoothien på glas. Hvis du foretrækker en mere kølig variant, kan du tilsætte to isterninger inden du purerer frugterne.

Ingredienser

4 syrlige æbler

200 g stenfrie vindruer

100 g tranebær

2 isterninger efter behov

Vores vitamin-tip

Denne smoothie er en sand vitamin-bombe, da især tranebær indeholder rigeligt C-vitamin. Tranebær "hopper" desuden, hvis man f.eks. kaster dem på en bordplade. Disse hop er et tegn på kvalitet, da kun friske bær er elastiske nok til at "hoppe", når de bliver kastet omkring.

Mango-appelsin-smoothie

Ingredienser

2 mangoer
300 ml appelsinjuice
en smule honning
knust is

Skræl mangoerne og skær frugtkødet i små stykker. Hæld juicen, frugtstykkerne og en smule honning i blenderen og blend ingredienserne ved høj hastighed i 30 sekunder. Tilsæt den knuste is og miks videre indtil smoothien har opnået den rigtige, cremede konsistens. Fyld smoothien på glas og dekorér alt efter behov.

Vores frugt-info

Modne mangoer modnes meget hurtigt yderligere og kan derfor kun transporteres med fly, hvilket resulterer i høje priser. Derfor bliver frugterne oftest høstet halvmodne, hvilket går ud over smagen og kvaliteten. Brunt frugtkød indikerer, at frugtkødet er blevet opbevaret forkert, som oftest for koldt.

Appelsin-ananas-smoothie med kokos

Skræl bananen, skræl ingefæren og riv ca. ½ tsk. Hæld ingredienserne i blenderen sammen med juicerne og kokossiruppen og miks indtil massen har den rigtige konsistens. Fordel den i glas sammen med knust is og servér med det samme.

Ingredienser

1 banan
en smule frisk ingefær
250 ml appelsinjuice
250 ml ananasjuice
1 spsk. kokossirup
2 spsk. knust is

Vores frugt-info

Ananas passer ikke særligt godt sammen med mælkeprodukter og gelatine, da friske ananas indeholder et enzym, der nedbryder protein. Mælkeprodukter bliver derfor hurtigt vandede og gelatine mister sine bindende egenskaber. Man kan i stedet for gelatine bruge Agar-Agar. Ved ananas på dåse undgår man i øvrigt dette problem.

Ingredienser

400 g ananas
400 g jordbær
1 banan
1 spsk. havtornsirup

Ananas-jordbær-smoothie

Vores frugt-info

Jordbær modnes ikke yder-ligere, efter de er blevet plukket, og hører til blandt de mest følsomme frugter. Man bør derfor kun købe modne bær, og disse skal behandles yderst skånsomt. Stilken skal fjernes forsigtigt, efter at jord-bærrene er blevet skyllet. Stilken forhindrer, at der løber vand ind i frugten, når den skylles, og man undgår altså, at jordbærrene efterfølgende smager vandede.

Skræl ananassen og fjern det hårde midterstykke. Skær frugtkødet i stykker og purér det fint i blenderen. Skyl jordbærrene og dup dem tørre. Fyld ananasmassen i isterningebeholdere og læg dem i fryseren. Placer to jordbær i to af isterningerummene og fyld op med vand. Skræl bananen og bland den med de frosne ananaster-ninger og jordbærrene. Smag smoothien til med en smule sirup. Pynt hvert glas med 1 pynte-jordbær-isterning og server.

Passionsfrugt-smoothie

Skyl og rengør sellerien. Skyl appelsinerne i varmt vand, riv skallen og læg den til side. Skræl appelsinerne helt, skræl mangoerne, fjern stenene og skær frugtkødet i mindre stykker. Fyld selleri, appelsiner og mango i blenderen og purér frugterne. Skær passionsfrugterne op, fjern frugtkødet med en ske og hæld det sammen med appelsinskallen og en smule is i blenderen. Miks det hele sammen ved høj hastighed og servér omgående.

Ingredienser

3 stænger selleri
3 økologiske appelsiner
1 mango
5 passionsfrugter
isterninger efter behov

Vores frugt-info

Der findes rundt regnet 150 arter af slægten Passiflora, hvoraf de fleste ikke blot bærer vidunderlige blomster, men også velsmagende frugter. Efter høsten skrumper passionsfrugten sammen. Dette er dog ingen ulempe med henblik på smag, men er derimod et tegn på eftermodning. Frugten bliver altså også under lagringen mere fyldig og sød i smagen. Passionsfrugter kan opbevares i køleskabet i op til 2 uger.

Tropisk smoothie

Ingredienser

400 ml ananasjuice
½ mango
½ papaja
1 banan
10 jordbær
melisseblade til pynt

Lad ananasjuicen køle i fryseboksen i mindst en halv time. Skræl mango og papaja og fjern stenene. Skræl bananen, skyl jordbærrene, læg et par flotte eksemplarer til side til pynt og rengør resten. Purér alle ingredienserne i blenderen, indtil de har den rigtige konsistens, fortynd med vand alt efter behov. Fyld smoothien i glas og pynt hvert enkelt glas med et halveret jordbær og et par melisseblade.

Vores vitamin-tip

Udover en relativ stor mængde calcium, jern og C-vitamin er mangoen den frugtsort, der har det højeste indhold af vitamin A. Man ved, at vitamin A forbedrer synet. Mangoer fremmer tilmed hudens fornyelse, de beroliger kredsløbet, får vores neurotransmitter i gang og hjælper med at reducere stress.

Mango-kiwi-ingefær-smoothie

Ingredienser

1 valnøddestort stykke ingefær
1 mango
4 kiwier
8 appelsiner
2 lime
12 isterninger

Skræl og riv ingefæren, skræl ligeledes mangoen og kiwierne for efterfølgende at skære frugtkødet i tern. Skyl og tør appelsinerne inden de halveres og læg to skiver til side til pynt. Pres saften fra lime og appelsinerne. Hæld alle ingredienserne i blenderen sammen med isterningerne og purér dem, indtil resultatet er en tyktflydende, cremet masse. Pynt med appelsinskiverne og servér!

Vores gourmet-tip

I forretningerne kan man oftest kun vælge imellem stenhårde eller alt for bløde kiwier, og det er svært at vurdere, hvornår de så bliver modne. Hvis man dog lægger dem sammen med et æble i en lukket beholder, bliver de hurtigere og mere ligeligt bløde og aromatiske. Og endnu et råd: den skrællede ingefær i denne opskrift kan uden problemer presses igennem en renset hvidløgspresser. Man sparer således overflødig hakning.

Ingredienser

1 ubehandlet lime
50 g brun sukker
500 g vandmelon
knust is
citronmelisse til pynt

Vandmelon-smoothie

Skyl limen, riv skallen og pres saften ud. Kog sukker, limeskal og limesaft op under omrøring i tre minutter sammen med 200 ml vand. Hæld derefter massen igennem en sigte og stil den til afkøling. Læg to melonskiver til side, som senere skal bruges til pynt. Skræl resten af melonen og fjern kernerne. Purér resten af frugtkødet og bland det sammen med siruppen. Fordel smoothien i glassene og fyld dem op med knust is. Pynt med melisse og melonskiver.

Vores gourmet-tip

Denne smoothie smager også godt sammen med champagne: Fyld kun glasset halvt og supplér med champagne. Røres kortvarigt, så kulsyren bibeholdes. Mængdeangivelserne vil i så fald, alt efter det ønskede mængdeforhold, svare til 3-4 personer.

Mango-smoothie

Skræl mangoen, fjern kernen og skær frugtkødet i små tern.
Skyl limen, dup den tør, riv skallen og pres frugtkødet for saft.
Purér mangoen i blenderen sammen med en håndfuld knust is og
limesaften. Hæld massen i longdrinkglas og fyld op med vand
(uden kulsyre), inden der pyntes med limeskal.

Ingredienser

1 mango
1 ubehandlet lime
knust is

Vores frugt-info

*Det er ikke helt nemt at skrælle
mangoer, da skallen og kernen
sidder tæt fast på frugtkødet.
Det er derfor lettere at skrælle
frugterne med en kartoffelskræller.
Vidste du i øvrigt, at der findes
ca. 300 forskellige mango-sorter?
I det lokale supermarked støder vi
dog hovedsageligt på en enkelt.*

Melon-drik

Ingredienser

1 appelsin
1 rosa grapefrugt
1/4 honningmelon
1 lille banan
1 knsp. kanel
1 knsp. revet muskatnød
citronmelisse og
appelsinskiver til pynt

Pres saften fra appelsinen og grapefrugten. Skræl melonen og fjern stenene inden frugtkødet skæres i små tern. Skræl bananen og skær den i små stykker. Purér melonen og bananen i blenderen. Tilsæt appelsin- og grapesaft og rør ingredienserne grundigt sammen. Smag melon-drikken til med krydderierne, hæld den i longdrinkglas og pynt med citronmelisse og appelsinskiver inden servering.

Vores gourmet-tip

Muskatnøddens aroma forsvinder hurtigt. Det anbefales derfor at undgå muskatpulver og i stedet umiddelbart inden servering at tilsætte den ønskede mængde friskreven muskatnød.

Ingredienser

3 kaki-frugter
1 pære
1 grapefrugt
1–2 isterninger efter behov
en smule grapejuice til
at fortynde

Kaki-smoothie

Vores frugt-info

Kaki minder en smule om tomater. Under deres tynde skind er et blødt frugtkød med 8 eller flere kerner. Kaki-frugterne får først deres søde, pære- og abrikosagtige aroma, når de er helt modne, for først her mister frugtkødet sit høje indhold af garvesyre. Sorten Sharon er særligt værd at anbefale.

Kaki-frugterne og pæren skylles, tørres og skrælles. For pærens vedkommende fjernes kernehuset. Skyl og halvér grapefrugten og læg to skiver til side til pynt. Skræl den efterfølgende grundigt, fjern stenene og hæld frugtkødet i blenderen sammen med kaki-frugterne og pæren. Purér massen indtil resultatet er en ensartet smoothie. Hvis du foretrækker en mere kølig smoothie, kan der tilsættes 1-2 isterninger. Hvis smoothien er for tyktflydende, kan der tilsættes grapejuice, hvorefter der røres grundigt. Dekorér den færdige smoothie med grapefrugtskiverne og servér.

Citrus-gulerods-smoothie

Rengør og skræl gulerødderne og skær dem i stykker. Skræl grapefrugten og appelsinen, fjern også den hvide, bitre skal, del spalterne og fjern stenene. Skræl bananen. Hæld frugterne og gulerødderne i blenderen og purér ingredienserne til en ensartet masse. Tilsæt en smule vand for at fortynde smoothien og tilsæt, alt efter behov, et sprøjt lime eller citron. Skræl kiwien, skær den i skiver og brug dem til at pynte glassene.

Ingredienser

2 gulerødder

1 grapefrugt

1 appelsin

1 banan

citron- eller limesaft efter behov

1 kiwi til pynt

Vores gourmet-tip

Da man i citrus-gule-rods-smoothien hælder appelsin- og grapefrugt-kødet i blenderen, skal man kontrollere, at kernerne er blevet fjernet grundigt, da de kan give smoothien en bitter og ubehagelig smag.

Banan-pære-smoothie

Pres citronen, skyl pæren og dup den tør, inden kernehuset fjernes. Skræl bananen og skær den sammen med pæren i grove stykker. Hæld 2 spsk. citronsaft i blenderen og miks frugtstykkerne sammen på højeste hastighed, indtil du har opnået en cremet konsistens. Tilsæt isterninger, knust is eller en smule vand efter behov for at få den ønskede konsistens.

Ingredienser

1 citron
4 modne pærer
1–2 bananer, alt efter størrelse
isterninger eller knus is efter behov

Vores gourmet-tip

Banan-pære-smoothien smager lækkert med en klat pisket fløde og revet chokolade på toppen. Med en sjat Williams-Christ-pæresnaps får blandingen et ekstra pift – men selvfølgelig også betydeligt flere kalorier.

Tomat-parmesan-smoothie

Ingredienser

2 tomater
1 rød peberfrugt
1 bundt rucola
1 spsk. basilikumpesto
6 spsk. knust is
200 ml tomatsaft
salt, peber
tabasco
parmesan til pynt

Hæld kogende vand over tomaterne, træk skindet af og fjern stilkene. Rengør peberfrugten og rucolaen. Skær det hele i mindre stykker. Hæld alle ingredienserne, på nær parmesanen og krydderierne, i blenderen. Miks det hele grundigt og smag til med salt, peber og en sjat tabasco. Fyld smoothien i glas og pynt med revet parmesan eller et parmesanstykke.

Vores vitamin-tip

Parmesan holder sig bedst, hvis den først bliver viklet ind i et stykke husholdningsfolie eller pergamentpapir og efterfølgende bliver lagt i køleskabet i en beholder af kunststof. På denne måde bliver den ikke fugtig og kan holde sig i flere uger. Man kan i øvrigt sagtens fryse parmesanen og blot tage den op af fryseren en halv time før brug.

Rabarber-smoothie

Ingredienser

2 stængler rabarber
1 æble
1 banan
200 g jordbær
300 ml æblejuice
1 spsk. ahornsirup
knust is

Rengør rabarberne inden de skæres i mindre stykker. Lad dem koge i æblejuice ved lav varme, indtil de er bløde. Skræl samtidig æblet og bananen og skær dem i tern. Skyl og gør jordbærrene (som helst skal være godt modne), i stand. Stil frugten i fryseren i en halv time og hæld efterfølgende ingredienserne i blenderen sammen med ahornsirup og ca. 2 spsk. knust is. Lad blenderen arbejde i ca. 3 minutter og servér smoothien.

Vores gourmet-tip

Denne smoothie bliver særligt aromatisk, hvis du tilsætter en smule frisk basilikum: basilikum gør jordbær-smagen endnu mere fyldig.

Ingredienser

120 g vandmelon

120 g cantaloupe- eller
honningmelon

120 g ananas

120 g mango

120 g jordbær

2 spsk. ahornsirup

200 ml appelsinjuice

knust is

Melon-smoothie

Skræl melonerne og fjern kernerne, skræl ananas og mango og
skær det hele i små stykker. Skyl og rengør jordbærrene og hæld
alle ingredienserne, på nær juice og is, i blenderen. Purér det hele,
indtil resultatet er en ensartet masse. Tilsæt efterfølgende is og
juice, indtil smoothien har fået den helt rigtige konsistens.

Vores dekorations-tip

*Denne smoothie kan også
pyntes med et frugtspyd:
tag blot et træspyd og sæt
skiftevis sæsonens frugter
på, f.eks. blå og grønne druer,
kirsebær, blomme-, fersken-
eller bananstykker. Kun fan-
tasien sætter grænser.
Frugter, som får en grim
farve, når de kommer i kon-
takt med luft, bør imidlertid
pensles med citronsaft, inden
de sættes på frugtspyddet.*

Kirsebær-kokos-smoothie

Ingredienser

600 g kirsebær
4 spsk. kokossirup
1–2 ubehandlede limefrugter

Skyl kirsebærrene og fjern stenene. Tør bærrene grundigt og stil dem i fryseren i mindst en halv time. Hæld dem efterfølgende i blenderen sammen med kokossirup. Smag smoothien til med limesaft og pynt alt efter behov med citrusskal.

Vores variations-tip

I stedet for kokossirup kan du også bruge 6–8 spsk. kokosmælk og 2 spsk. kokosmel. Så skal du dog også bruge ahornsirup eller flydende honning for at søde smoothien yderligere.

Energi-smoothies

Iskold
jordbær-smoothie

Skyl jordbærrene og lad dem dryppe af. Læg to jordbær til side til pynt og skær resten i små stykker. Frys bærrene let i fryseren. Skyl limen, læg limeskal til side til pynt og pres efterfølgende limen for dens saft. Hæld jordbær, limesaft, honning og cashewnødder i blenderen og purér dem fint. Rør yoghurt og mælk til en cremet masse og bland den med frugtpuréen. Hæld smoothien på glas og pynt dem med jordbær og limeskal, inden de er klar til servering.

Ingredienser

300 g jordbær
1 ubehandlet lime
2 tsk. honning
6 cashewnødder
200 g fedtfattig yoghurt naturel
50 ml mælk

Vores sundheds-tip

Cashewnødder indeholder store mængder protein, B-vitaminer, kulhydrat og mineraler. Deres fedtindhold er meget lavt i forhold til andre nødder, men på grund af den høje andel af umættede fedtsyrer samtidig særligt sunde. Udover calcium og magnesium indeholder cashewnødder meget jern, fosfor og kobber, som sørger for et mærkbart og hurtigt energiboost.

Banan-kefir

Ingredienser

2 små bananer
400 ml kefir
100 ml mineralvand
2–3 spsk. havtornsaft (usødet)
2–3 spsk. citron- eller
limesaft
mynteblade til dekoration

Skræl bananerne og skær dem i grove stykker. Hæld dem sammen med kefir, mineralvand, havtornsaft og citron- eller limesaft i blenderen og miks det hele ved højeste hastighed. Skyl myntebladene, ryst dem tørre og skær dem i fine strimler. Hæld banan-kefiren i longdrinkglas og pynt med myntestrimler.

Vores variations-tip

I stedet for kefir kan du også bruge kærnemælk, normal mælk eller soja- mælk. Havtornsaft giver drinken en helt særlig aroma, men den kan dog også erstattes af appelsinjuice.

Ingredienser

1 lille salatagurk

300 ml kefir

1 spsk. stærk sennep

2 spsk. grofthakket kørvel

1 tsk. solsikkeolie

1 tsk. jodsalt

friskkværnet peber

Grøn energi-smoothie

Skyl agurken og skær den i små stykker. Hæld 200 g af agurken i blenderen. Tilsæt kefir, sennep, kørvel og solsikkeolie og miks ingredienserne grundigt sammen. Smag til med salt og peber og fordel drinken i store glas. Pynt med agurkeskiver.

Kvæde-drik

Opløs kvædemosen- eller geléen i en smule kærnemælk.
Tilsæt flormelis og resten af kærnemælken. Pisk ingredienserne
sammen med håndmikseren og tilsæt til slut den malede
allehånde. Pynt med melisseblade og servér.

Ingredienser

5 spsk. kvædemos eller
4 spsk. kvædegele
600 ml kærnemælk
2 spsk. flormelis
1 knsp. allehånde
citronmelisse
til pynt

Vores frugt-info

*Kvæder egner sig ikke til at
blive spist rå, da de er hårde
og meget bitre på grund af
garvesyre. Hvis de bliver kogt
smager de lidt som kogte
æbler eller pærer, også
optisk minder kvæden om
en mellemting mellem disse
to frugtsorter.*

Ananas-smoothie

Skræl ananassen, fjern det hårde midterstykke og skær frugtkødet i små stykker. Fyld frugtstykkerne i en plastikpose og lad den ligge i fryseren i mindst 1 time. Hæld kærnemælk, vaniljesukker, honning, en smule ananasjuice og de frosne ananasstykker i blenderen. Lad blenderen arbejde indtil smoothien har fået en jævn, ensartet konsistens. Hvis du foretrækker din smoothie mere flydende, kan du fortynde med en smule mere ananasjuice. Fyld smoothien på glas, pynt med mynteblade og servér omgående efter tilberedning.

Ingredienser

600 g ananas
500 ml kærnemælk
2 tsk. vaniljesukker
2 tsk. honning
en smule ananassaft
mynteblade til pynt

Vores frugt-info

Man kan nemt teste, om en ananas er rigtig sød: prøv at trække et af de inderste blade ud. Hvis bladet nemt løsner sig, er ananassen moden og sød. OBS: Hvis den nederste del er for brun, betyder det, at ananassen allerede er rådden. Opbevar ikke ananassen i køleskabet, men, hvis muligt, i et køligt rum eller ved stuetemperatur.

Ribs-smoothie

Ingredienser

1 banan
150 g ribs
4 blodappelsiner
125 ml mælk eller sojamælk
isterninger efter behov

Skræl bananen og stil frugtkødet i fryseren. Skyl ribsene og fjern dem fra stilkene. Læg to flotte stilke til side til pynt. Pres blodappelsinerne og hæld saften sammen med mælk og resten af ingredienserne, undtagen isterningerne, i blenderen og purér dem ved høj hastighed. Fordel smoothien i glas. Tilsæt isterninger efter behov, pynt med ribs og servér!

Vores gourmet-tip

*Denne smoothie smager selvfølgelig
også lækkert med solbær eller hvide ribs.
Farven ændrer sig naturligvis, og
også smagen varierer, alt efter
hvilken frugt der anvendes.*

Tropical hit

Pisk kærnemælken grundigt sammen med safterne ved hjælp af håndmikseren. Tilsæt knus is og rør igen ingredienserne sammen. Hæld shaken i høje glas, pynt med sugerør og frugtspyd. Serveres iskold.

Ingredienser

400 ml kærnemælk
250 ml maracujasaft
250 ml pæresaft
knust is
frugtstykker til pynt

Vores frugt-info

Maracuja eller gul passionsfrugt, som den også kaldes, dyrkes frem for alt i Brasilien, Hawaii og Sri Lanka. Maracuja bruges hovedsageligt til fremstilling af safter og koncentrater.

Rødbede-smoothie

Ingredienser

2 små rødbeder
150 g yoghurt
150 ml havtornsaft
appelsinjuice til at fortynde
2 skiver fra en ubehandlet
appelsin til pynt

Kog rødbederne i varmt vand i ca. 20 minutter. Skræl dem efterfølgende (her anbefales det at bruge handsker, da saften farver meget kraftigt) og skær dem i mindre stykker. Purér rødbederne i blenderen sammen med yoghurt, havtornsaft og en smule appelsinjuice. Hæld smoothien i glas, pynt med appelsinskiver og servér.

Vores gourmet-tip

Denne smoothie kan nemt forvandles til en kraftig og krydret drink: i stedet for appelsinjuice og havtornsaft tager du et middelstort løg, skræller det og river det fint, blander det med resten af ingredienserne og fortynder det hele, alt efter smag, med vand. Det er her også flot med et par lange purløgsstrå som pynt.

Ingredienser

1 moden avocado

1 spsk. citronsaft

1 lille gul peberfrugt

6 spsk. kogte majs

100 g mager kvark

2 tsk. solsikkekerner

6 spsk. knust is

en smule salt eller sojasauce

Avocado-smoothie

Skræl avocadoen, skær den igennem, fjern stenen, skær frugtkødet i stykker og dryp det med citronsaft. Skyl og dup peberfrugten tør inden den skæres i mindre stykker. Hæld avocado, peberfrugt, majs, kvark, solsikkekerner og is i blenderen. Miks ingredienserne grundigt sammen og smag til med salt eller sojasauce. Serveres omgående efter tilberedning.

Vores frugt-tip

Når du køber avocado, skal du være opmærksom på, at de er modne nok, men at de samtidig ikke er blevet stødt. For hårde avocado modnes hurtigere, hvis de bliver viklet ind i en papirspose og stillet i nærheden af radiatoren. Her kan du også gøre brug af "æbletricket". Hvis du lægger et æble ned i papirsposen sammen med avocadoen og opbevarer dem et varmt sted, modner den endnu hurtigere.

Mango-lassi

Skræl mangoen og skær frugtkødet i tern. Purér mangoternene i blenderen sammen med yoghurt, sukker og 130 ml vand. Smag til med citronsaft og pynt efter behov. Serveres kold.

Ingredienser

200 g mango
250 g yoghurt naturel
4 tsk. sukker
1 tsk. citronsaft

Vores gourmet-tip

Mango-lassien får en helt særlig smag, hvis den smages til med et stænk rosenvand og en knsp. kardemomme. Dette stemmer desuden særligt godt overens med drikkens indiske herkomst.

Hindbær-kefir-smoothie

Ingredienser

150 g abrikoser
1/2 vaniljestang
500 ml kefir
150 g frosne hindbær
mælk til at fortynde

Hæld kogende vand over abrikoserne, træk skindet af og fjern stenene. Skrab kornene ud af den halve vaniljestang og hæld alle ingredienserne i en blender. Purér først på laveste hastighed, derefter på højeste. Hvis smoothien er for tyktflydende, kan den tilsættes en smule mælk. Hæld smoothien på glas, dekorér og servér!

Vores gourmet-tip

Vaniljearomaen kommer endnu bedre til sin ret, hvis man først opvarmer den halve vaniljestang og vaniljekornene i en smule mælk og efterfølgende lader det trække lidt. Hvis du vil, kan du også afrunde drikken med en smule mandellikør.

Ingredienser

1 granatæble
250 g friske eller frosne blåbær
150 g yoghurt naturel
en smule flormelis eller
honning
250 ml mælk

Granatæble-smoothie

Vores variations-tip

Den, der ikke kan lide eller tåle komælk, kan også sagtens bruge sojamælk. Der findes også erstatninger for yoghurten. Vær forsigtig, når du løsner granatæble-kernerne: de er utroligt saftige og kan nemt sprøjte med deres mørkerøde saft.

Skær granatæblet over, skær frugtkornene ud og pres saften ud. Læg et par granatæblestykker til side til senere. Lav granatæble-saften, blåbærrene og yoghurten til en fin puré i blenderen og smag til med sukker eller honning. Tilsæt mælk indtil du har opnået den rigtige konsistens. Pynt med granatæblestykkerne og servér.

Kærnemælks-smoothie med chili

Smuldr chilipeberen, åbn kardemommekapslerne og læg de sorte frø i morteren. Stød krydderierne meget fint. Skræl bananen og hæld den sammen med krydderierne og resten af ingredienserne i blenderen og lad den arbejde på højeste hastighed. Fyld smoothien i glas, pynt med ananaskirsebær, tilsæt flere isterninger, hvis det ønskes, og servér!

Ingredienser

1 tørret, rød chilipeber

5 kardemommekapsler

1 moden banan

250 ml kærnemælk

1 tsk. havtornsirup

3 isterninger

2 ananaskirsebær til pynt

Vores vitamin-tip

Havtornsaft indeholder med 266 milligram per 100 gram cirka fem gange så meget C-vitamin som citroner og er derfor utrolig velegnet til styrkelse af immunforsvaret. Vitamin E og betakarotin understøtter denne effekt. Havtorn indeholder derudover vitaminerne B1, B2, B6 og B12 samt en række mineraler og mikronæringsstoffer. Saften kan fås i diverse helsekost-forretninger.

Agurk-yoghurt-cocktail

Skyl agurkerne, halvér dem på langs, fjern stenene og skær dem i tern. Hæld agurkerne i blenderen sammen med yoghurt, salt og sukker og purér det hele. Skyl purløget og ryst det tørt, inden det skæres i fine ruller. Fyld den afkølede agurke-yoghurt i glas og pynt med purløg.

Ingredienser

½ stor agurk

150 g yoghurt

1 knsp. salt

1 knsp. sukker

purløg til pynt

Vores grøntsags-info

Agurker skal først snittes eller rives, kort tid inden de skal bruges. De bliver hurtigt vandede og gør ellers enhver salat våd. Af samme grund bør man også først salte dem kort før de skal spises.

Tomat-kefir

Ingredienser

300 ml kefir
200 g tomatpuré
2 tsk. citronsaft
2 spsk. purløgsruller
en smule hvidløgspulver
peber
salt
cocktailtomater og
basilikum til pynt

Kefir, tomatpuré, citronsaft og purløg pureres grundigt i blenderen. Smag til med hvidløgspulver, peber og salt. Fyld drikken i dekorative glas og pynt med cocktailtomater og basilikum.

Vores gourmet-tip

Denne shake bliver særlig aromatisk, hvis den tilberedes med cocktail- eller kryddertomater. I stedet for hvidløgspulver kan du også presse ½ lille fed frisk hvidløg.

Stikkelsbær-kærnemælk-smoothie

Ingredienser

1 banan
2 håndfulde stikkelsbær
250 ml kærnemælk
1 spsk. ahornsirup

Skræl bananen, skyl stikkelsbærrene og fjern stilken og blomster-ansatsen. Bland frugterne sammen med en lille mængde kærne-mælk i blenderen og tilsæt efterfølgende resten af kærnemælken og siruppen, miks på den højeste hastighed, fordel smoothien i glas og servér.

Vores indkøbs-tip

Når man køber stikkelsbær bør de ved købet stadig have deres stilk og deres blomst, fordi de ellers mister saft i løbet af lagringstiden. Det er også vigtigt, at hverken blomster eller de fine hår på bærrene er slappe. Selve frugterne skal gerne være saftspændte og af samme størrelse.

Ingredienser

15 dadler

1 moden avocado

500 ml kold mælk

½ tsk. vaniljesukker

2 spsk. ahornsirup

50 g smuttede mandler

lime- og avokadoskiver til pynt

Avocado-daddel-smoothie

Fjern dadlernes sten, halvér og skræl avocadoen, fjern kernen og skær frugtkødet i mindre stykker. Hæld alle ingredienserne i blenderen og miks dem sammen indtil resultatet er en cremet smoothie. Hvis smoothien stadig er for tyktflydende, kan man tilsætte en smule vand eller mælk og eventuelt også bruge ekstra sirup for at smage smoothien til. Pynt med lime- og avocadoskiver.

Vores variations-tip

Har du kun usmuttede mandler, kan du hælde kogende vand over dem, lade dem stå og trække og efterfølgende let pille skindet af. Er man allergisk overfor mandler eller andre nødder, behøver man ikke helt at undvære den nøddeagtige smag: rist blot en tilsvarende mængde havregryn på en pande i stedet.

Kærnemælk-pomelo-smoothie

Ingredienser

1 banan

1 stænk citronsaft

1 pomelo (kan erstattes af 2 grapefrugter)

150 ml kærnemælk

2 tsk. honning

kanel og

2 ananaskirsebær til pynt

Skyl bananen og dup den tør inden den halveres. Skær 4 skiver fra midten med skræl, dryp dem med citronsaft og læg dem til side til dekoration. Skræl resten af bananen og skær den i grove stykker. Skræl pomeloen, fjern de hvide tråde, skær frugtkødet ud og fjern kernerne. Pres saften ud af den tilbageværende skræl. Hæld banan, pomelo, pomelosaft, kærnemælk og honning i blenderen og lav det til en ensartet puré. Hvis drikken er for tyktflydende, kan man tilsætte endnu en smule kærnemælk. Hæld smoothien i glas, drys en smule kanel på toppen og pynt med banan og ananaskirsebær.

Vores frugt-info

En pomelo vejer cirka 500 g men kan imidlertid veje helt op til 2 kg. Dens hvidgule eller grønne skræl er temmelig tyk. Frugtkødet er saftigt med en gullig eller rosa kulør. Dens aroma er mildere end en grapefrugts, og frugtkødet er desuden meget nemmere at filetere. Pomelosaft passer godt sammen med syrlige citrussafter, f.eks. limesaft.

Frugt-shake med tre slags frugt

Skræl mangoen og skær den i tern. Filetér appelsinen. Skær ananassen fri for stilk og blade inden den skæres i skiver. Fjern efterfølgende skallen og den hårde kerne og skær ananasskiverne i stykker. Læg et par frugtstykker til side til dekoration. Hæld halvdelen af frugterne i blenderen og lav dem til frugtpuré.

Tilsæt kærnemælk, kokoscreme samt krydderierne og rør ingredienserne grundigt sammen. Tilsæt så resten af frugterne.

Fordel shaken i glas og servér den pyntet med frugtspyd.

Ingredienser

1 mango
1 appelsin
½ baby-ananas
500 ml kærnemælk
1½ spsk. kokoscreme
stødt ingefær, kanel og kardemomme

Vores frugt-info

Når du køber ananas, skal du være opmærksom på duften: den er kun moden, hvis den dufter intenst. Ananas kan bruges til mange ting: den er en skøn ingrediens i blandede drinks, kage og desserter, men passer også godt til eksotiske karry-, kød- og fiskeretter.

Ingredienser

2 æbler

2 tsk. honning

14 dadler

500 ml kefir

Daddel-æble-smoothie

Denne smoothie får en helt særlig aroma, hvis du tilsætter en smule kvæde. Til dette formål skal du skrælle kvæden, fjerne stenene og dampkoge den med en smule sukker og vand, så den bliver blød. Purér kvæden og bland den med resten af ingredienserne. Hvis du vil bruge æblebåde til dekoration, lad da skrællen blive på de stykker, der skal bruges til dette, da det ser flottere ud.

Skyl æblerne, skræl dem, skær dem i kvarte og fjern kernehusene. Skær frugtkødet i stykker, læg to æblebåde til side og pensl dem med honning, så de ikke bliver brune. Fjern dadlernes sten og skær dem ligeledes i små stykker. Hæld æbler, dadler og 250 ml kefir i blenderen og purér ingredienserne. Tilsæt resten af kefiren. Pynt smoothien med de honningpenslede æblebåde og servér.

Vindrue-smoothie

Skyl vindruerne og læg nogle til side til pynt. Skræl kiwierne og bananen, læg to kiwiskiver til side til pynt. Hæld alle ingredienserne i en blender og lav dem til en fin puré. Dekorér hvert glas med et vindrue-kiwi-spyd og servér omgående efter tilberedning.

Ingredienser

450 g grønne, stenfri vindruer

2 kiwier

1 banan

5 spsk. yoghurt

5 spsk. sojamælk

1 spsk. honning

2 isterninger

Vores gourmet-tip

Kiwier kan få en let bitter smag, når de bliver ledsaget af mælk. Denne bitre smag kan undgås, hvis du skræller frugterne, hælder kogende vand henover dem, lader dem trække og efterfølgende stiller dem til afkøling.

Jordbær-kefir-mix

Skyl jordbærrene og dup dem tørre inden de skæres i
grove stykker. Læg to flotte eksemplarer til side til pynt.
Blend resten af jordbærrene sammen med citronsaft og kefir.
Smag drikken til med vaniljesukker, hæld den i glas
og pynt hvert glas med 1 jordbær.

Ingredienser

150 g friske jordbær
1 stænk citronsaft
300 ml fedtfattig kefir
vaniljesukker

Vores variations-tip

*Hvis du ikke kan få fat på friske
jordbær, kan du bruge frosne.
De dybfrosne jordbær skal ikke
tø helt op; hvis de stadig er lidt
frosne, får drikken en dejlig
cremet konsistens.*

Melonmælk

Ingredienser

½ moden galiamelon
2 spsk. citronsaft
300 ml kold sødmælk
3 spsk. appelsinjuice
appelsinstykker til pynt

Skræl melonen og fjern kernerne med en ske. Skær frugtkødet i små stykker, læg et par stykker til side, og brug stavblenderen til at lave resten af frugtkødet til puré. Tilsæt citronsaft og rør rundt. Melonpuréen skal nu blandes med mælk og appelsinjuice. Rør det hele grundigt sammen, fyld massen på to longdrinkglas og pynt med melon- og appelsinstykker inden drikken serveres.

Vores frugt-info

Galiamelonen hører til sukkermelonerne og har en sød, aromatisk smag, som smelter let på tungen. Galiamelonen kan fås hele året rundt, men de, der dyrkes i Europa (især i Sydspanien og Syditalien) har dog kun sæson fra marts til oktober.

Fitness-cocktail

Ingredienser

125 ml gulerodssaft
100 g yoghurt
2 pasteuriserede æg
salt, peber
cayennepeber
1 spsk. hakket persille
1 spsk. hakket citronmelisse
1 spsk. hakket purløg
200 ml mineralvand
krydderurter til pynt

Bland gulerodssaften i blenderen sammen med yoghurten og de pasteuriserede æg. Smag til med salt, peber og en knsp. cayennepeber. Tilsæt den hakkede persille, citronmelisse og purløg. Fordel cocktailen i glas, fyld op med mineralvand og pynt med urter.

Vores variations-tip

Du kan selvfølgelig også bruge andre krydderurter og erstatte yoghurten med kærnemælk eller almindelig mælk. For at drikken ikke bliver for tyndtflydende, skal der så kun bruges halvt så meget mineralvand.

Ingredienser

150 g abrikoser

4 spsk. friskpresset appelsinjuice

250 ml fedtfattig kefir

½ tsk. vaniljesukker

25 g sukker

Abrikos-drink

Skyl abrikoserne, fjern stenene og skær frugtkødet i mindre stykker. Hæld frugtkødet i blenderen sammen med appelsinsaft og miks indtil resultatet er en fin puré. Tilsæt efterfølgende kefir, vaniljesukker og sukker. Hæld drikken i to glas og servér den med sugerør.

Vores dekorations-tip

Hvis du vil dekorere denne smoothie på ekstraordinær vis, kan du spidde forskellige frugtstykker efter eget valg (f.eks. kiwi og abrikoser) på tandstikker eller cocktailspyd og lægge dem på kanten af glasset inden smoothien serveres.

Spinat-yoghurt-smoothie

Lad bladspinaten tø op i blenderen i ca. 15 minutter, tilsæt efterfølgende de tørrede tomater, yoghurten og en lille mængde skyllede og tørrede timianblade. Lad blenderen arbejde indtil resultatet er en jævn masse. Smag det hele til med salt, peber, citronsaft og en knsp. sukker. Fordel smoothien i glas, pynt med cocktailtomater og timiankviste og servér.

Ingredienser

200 g frossen bladspinat

20 g tørrede tomater

200 g yoghurt naturel

en lille mængde timianblade

salt

peber

en smule citronsaft

sukker

cocktailtomater og
timiankviste til pynt

Vores gæste-tip

Denne smoothie egner sig udmærket som spændende aperitif, når der er gæster på besøg. Drikken bliver endnu mere krydret, hvis du skræller et hvid- løgsfed, hakker det fint og svitser det på panden med en smule olie, stiller det til afkøling og blander det sammen med smoothien.

Godmorgen-smoothie

Ingredienser

2 modne ferskener
3–4 ubehandlede appelsiner
1 moden banan
1 spsk. finvalsede havregryn
1 spsk. hvedeklid
250 g vaniljeyoghurt
4–5 isterninger

Hæld kogende vand over ferskenerne, lad dem trække, træk skindet af og fjern stenene. Skyl appelsinerne, skær dem i mindre stykker, men læg to skiver til side til pynt. Pres saften ud af resten af appelsinerne (dette skal resultere i ca. 200 ml saft). Skræl bananen, bland havegryn og hvedeklid sammen med yoghurten og lad det stå lidt. Hæld alle ingredienserne i blenderen og purér dem. Pynt smoothien med en appelsinskive og servér straks efter tilberedning.

Vores gourmet-tip

De såkaldte Weinberg-ferskener er særligt aromatiske og er derfor værd at anbefale. De dufter og smager specielt dejligt. Disse ferskener, som dyrkes i vindyrkningsområder – f.eks. ved Mosel – er meget mindre end almindelige ferskener. Derfor skal der til denne opskrift bruges mindst dobbelt så mange. Hvis du har lejlighed til det, skal du simpelthen prøve denne ferskensort.

Ingredienser

50 g jordbær (friske eller frosne)

2 rosa grapefrugter

1 banan

150 g yoghurt naturel

1 spsk. finvalsede havregryn

1 spsk. jordbærsirup

Vores gourmet-tip

Der skal helst bruges såkaldt instant-havregryn til denne smoothie. De opløses nemme-re og ender derfor ikke bare på bunden af smoothien. Instant-gryn består af 100 % fuldkornshavre, hvor malede havrekorn bliver forarbejdet til fine gryn, som hurtigt opløses i både kolde og varme væsker.

Grapefrugt-smoothie

Skyl de friske jordbær og tør dem inden de sorteres. Skræl grape-frugten så den hvide skal er fjernet helt. Skær fileterne ud, fjern kernerne, og opfang den saft, der løber fra. Skræl bananen, del den i stykker og hæld den i blenderen sammen med jordbær, grapefrugtfileter og grapefrugtsaft. Tilsæt yoghurt, havregryn og jordbærsirup. Miks ingredienserne grundigt og servér smoothien.

Jordbær-melon-smoothie

Skyl jordbærrene, tør dem forsigtigt og gør dem i stand. Fjern kernerne fra de halverede meloner og skær frugtkødet i tern. Hæld yoghurt, mælk og jordbær i blenderen og lad den arbejde i ca. 30 sekunder på højeste hastighed. Tilsæt efterfølgende cantaloupe-melon, honningmelon og isterninger. Miks igen ingredienserne ved højeste hastighed i ca. 1 minut og servér straks efter tilberedning.

Ingredienser

1 håndfuld jordbær
½ cantaloupe-melon
½ honningmelon
250 g yoghurt
200 ml mælk
4 isterninger

Vores gourmet-tip

Den, der foretrækker en ren melon-smoothie, kan udelade jordbærrene og i stedet bruge en hel honning- eller cantaloupe-melon. Denne smoothie er også god med papaja eller pepinofrugter. Pepinoer er saftige, søde, fattige på syre og minder i smagen om sukkermeloner og pærer. Man bør dryppe frugtkødet med en smule citronsaft, når man har skåret det fra, så det ikke får en kedelig farve. Pepino eftermodnes ved stuetemperatur. Når dens farve har en bleggul kulør, er frugten moden.

Herbie

Ingredienser

2–3 dildkviste
250 ml kærnemælk
100 ml gulerodssaft
4 spsk. tomatketchup
hvid peber
sellerisalt
tabasco
dildkviste til pynt

Skyl og tør dilden inden den hakkes fint. Pisk gulerodssaft, tomat-ketchup og dild med håndmikseren. Smag drikken til med peber, sellerisalt og tabasco, hæld den på glas og pynt med dildkviste.

Vores variations-tip

"Herbie" er også yderst vel-smagende, hvis du erstatter gulerodssaften med grøntsags-juice. Da denne som regel er en smule mere salt end gulerods-saften, bør man således spare på sellerisaltet.

Sunshine-smoothie

Skræl bananen og læg den i fryseren i mindst en halv time. Skyl pærerne, skræl dem og fjern kernehuset. Rør hvedeflagerne sammen med yoghurten og lad dem stå og trække. Hæld efterfølgende ingredienserne i blenderen og miks dem sammen på højeste hastighed. Hæld smoothien i glas og pynt hvert enkelt glas med en appelsinskive og servér!

Ingredienser

1 banan

2 små pærer

2 spsk. hvedeflager

150 g vaniljeyoghurt

250 ml mælk

1 tsk. havtornsaft

3 spsk. blødt jordnøddesmør

2 appelsinbåde til pynt

Vores sundheds-tip

Jordnøddesmør kan ikke kun anbefales af smagsmæssige årsager. Jordnødder indeholder umættede fedtsyrer og, i modsætning til den almene opfattelse, intet kolesterol. De leverer rigeligt med protein, men også vitaminer og mineralstoffer, herunder zink og selen, som ofte mangler i den daglige kost. Jordnødder er altså sande energikerner!

Hindbær-banan-shake

Ingredienser

350 g hindbær
1 banan
250 g yoghurt naturel
2 spsk. honning
knust is

Sorter hindbærrene og skyl dem, skræl bananen og skær den i skiver. Læg 4 hindbær og 2 bananskiver til side, da de senere skal bruges til pynt. Purér resten af frugterne i blenderen. Tilsæt yoghurt og honning og miks det hele grundigt sammen. Hæld shaken i glas. Tilsæt knust is alt efter behov. Servér drikken med et spyd med hindbær og bananskiver.

Vores variations-tip

Alt efter ønske, kan shaken laves med 3,5 %, 1,5 % eller med 0,1 % fedt. Drikken bliver naturligvis mere tyktflydende, jo højere fedtandelen er, men smager også lækkert i den lettere version. Dette gælder for alle opskrifter med yoghurt, som du finder i denne bog.

Banana Summer

Ingredienser

1 banan
1 stænk banansirup
150 ml mælk
100 ml ananasjuice
en smule citron- eller limesaft
knust is
2 lime- eller citronskiver
til pynt

Banan, banansirup, mælk, ananasjuice og citron- eller limesaft blandes i blenderen sammen med 4 spsk. knust is.

Hæld massen i longdrinkglas og pynt med citron- eller limeskiver.

Ingredienser

200 ml æblejuice

200 ml kærnemælk

2 tsk. honning

2 knsp. revet skal fra en
ubehandlet citron

stødt ingefær

2 spsk. mangosirup

isterninger

æblebåde og citronskiver
til pynt

Mango-æble-kærnemælk

Hæld æblejuice, kærnemælk, honning, citronskal, 1 knsp. stødt
ingefær og mangosirup i en shaker sammen med 4-5 isterninger.
Miks det hele grundigt sammen og hæld drikken i glas. Pynt med
æble-citron-spyd og servér!

Agurk-kærnemælks-smoothie

Skyl salatagurken, skræl den og fjern kernerne med en gaffel.
Skær agurken i mindre stykker. Skyl dilden og ryst den tør.
Lav agurk, dild, kærnemælk og yoghurt naturel til en puré, smag til
med salt og peber og et par stænk citronsaft.
Pynt med mynte og agurkeskiver og servér!

Ingredienser

1 lille salatagurk
1 bundt dild
500 ml kærnemælk
2 spsk. yoghurt naturel
salt
peber
citronsaft
tabasco
mynte og agurkeskiver til pynt

Vores variations-tip

*Der kan bruges hjemmelavet tykmælk i stedet for kærnemælk.
Til dette formål skal du dog bruge frisk, upasteuriseret mælk
fra landmanden. Lad mælken stå i små fade ved 18 til 20° C natten
over. Varmen sætter den naturlige syrningsproces i gang, som
gør mælken tyktflydende. Hvis du ikke kan få fat i mælk fra land-
manden, kan du købe tykmælks-kulturer i helsekostforretningen.
Disse kulturer tilsættes til den mælk, som du sædvanligvis køber
 i supermarkedet.*

Bærdrøm

Ingredienser

100 g friske blåbær
100 g friske hindbær
100 g friske brombær
1 lille banan
100 g yoghurt
2 spsk. finvalsede havregryn
honning efter behov
en smule mælk til at fortynde

Skyl bærrene og lad dem dryppe af. Skræl bananen. Hæld bær, banan, yoghurt og havreflager i blenderen og lad den arbejde på mellemste hastighed. Den cremede blanding smages til med en smule flydende honning. Hvis smoothien er for tyktflydende, kan den fortyndes med en smule mælk.

Vores gæste-tip

Hvis du altid har en bærblanding liggende i fryseren, kan du nemt og hurtigt tilberede denne smoothie, hvis der skulle komme uventede gæster. Til pynten kan der ligeledes bruges et frossent hindbær fra blandingen, drys en smule flormelis henover – færdig.

Smoothies deluxe

Vanilje-vandmelon-smoothie

Ingredienser

400 g vandmelon
75 g yoghurt
125 ml mælk
1 strøget spsk. flormelis
2 kugler vaniljeis

Skær melonen over, fjern kernerne og brug en kugleudstikker/ et melonjern til at skære et par kugler fra melonkødet. Skær resten af melonen i stykker. Hæld melonstykker, yoghurt, mælk og flormelis i blenderen og lav ingredienserne til en jævn masse. Tilsæt is og miks det hele sammen i et par sekunder, indtil smoothien er skummende og cremet. Stik melonkuglerne på træspyd og brug dem til at pynte den færdige smoothie.

Vores frugt-info

Lycopin er det røde farvestof, som giver vandmelonen dens lysende røde farve. Dette farvestof kan kun findes i større mængder i tomater og vandmeloner. Da stoffet effektivt bremser de såkaldte frie radikaler og samtidig har kolesterol-sænkende egenskaber, overtager Lycopin en vigtig beskyttelsesfunktion for vores sundhed. Den menneskelige krop kan ikke selv producere dette stof, hvorfor det skal optages ved hjælp af kosten.

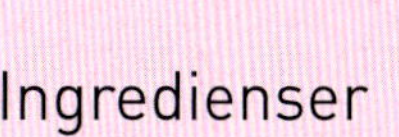

Ingredienser

2 ferskener

1 banan

250 ml appelsinjuice

5–8 spsk. vaniljeyoghurt

2 spsk. krokant

Fersken-banan-smoothie

Hæld kogende vand over ferskenerne, lad dem stå og trække, hiv skindet af og fjern stenene. Skræl bananen og hæld alle ingredienserne, på nær krokanten, i blenderen og lad den først arbejde på laveste og så på højere hastighed, indtil blandingen er dejlig jævn. Pynt med krokant.

Vores gourmet-tip

Denne lækre smoothie kan hurtigt forvandles til en cocktail: fyld glassene med halvdelen af frugtblandingen, hæld en smule solbærlikør henover, fyld resten af frugt-blandingen ovenpå og rør ingredienserne sammen. Hvis du foretrækker en kølig, cremet variant, kan du stille frugterne i fryseren i cirka en time inden de skal bruges og bruge 2 kugler vaniljeis i stedet for vaniljeyoghurt.

Brombær-smoothie

Sortér brombærrene, skyl dem og dup dem tørre med køkkenrulle. Læg et par flotte eksemplarer til side til pynt. Hæld resten af brombærrene i blenderen sammen med citronsaft, flormelis og ½ tsk. vaniljesukker og lav ingredienserne til en frugtpuré. Tilsæt mælk, kvark og is og miks indtil smoothien er dejlig skummende. Pisk fløden stiv og tilsæt i den forbindelse resten af vanilje-sukkeret. Hæld smoothien i glas. Pynt hvert enkelt glas med flødeskum og de brombær, der tidligere blev lagt til side.

Ingredienser

250 g brombær
½ tsk. citronsaft
½ spsk. flormelis
1 tsk. vaniljesukker
400 ml iskold mælk
25 g kvark
2 kugler vaniljeis
50 ml piskefløde

Vores dekorations-tip

Isterninger er en god dekorations-mulighed for mange smoothies. Udvælg forskellige flotte frugter, f.eks. brombær, og hæld dem i isterningebeholdere. Fyld op med vand eller juice.

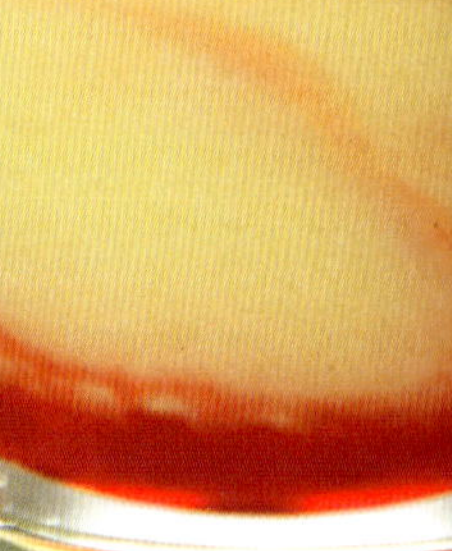

Mango-vanilje-drik

Ingredienser

1 spsk. vaniljesukker
500 ml mælk
1½ spsk. hindbærsirup
330 ml mangosaft

Opløs vaniljesukkeret i mælken. Tilsæt hindbærsirup og mango-saft. Stil drikken på køl inden den hældes i glas og serveres med sugerør.

Vores gourmet-tip

For at give drikken en mere delikat, men også mere afdæmpet smag, kan du bruge rigtig vanilje i stedet for vaniljesukker. Til dette formål skal du skære en vaniljestang over på langs, skrabe kornene ud og blande dem med mælken. Du skal efterfølgende smage til med en smule sukker eller vaniljesukker.

Ingredienser

1 appelsin
1 håndfuld kirsebær
1 lille banan
2–3 kugler vanilje- eller
kirsebæris
4–6 isterninger

Kirsebær-smoothie

Vores køkken-tip

*Modne kirsebær og blommer
er svære at udstene, da
stenfrugterne allerede er for-
holdsvis bløde. Læg blot
frugterne i fryseren i en kort
periode, så bliver de fastere og
det bliver nemmere at fjerne
stenene. Hvis du foretrækker
en mere kølig variant, skal
kirsebærrene blot stå i
fryseren i længere tid.*

Skræl appelsinen, så også den hvide, bitre skal bliver fjernet. Gem den saft, der løber fra og hæld den i blenderen sammen med de fileterede appelsinstykker, hvor kernerne er blevet fjernet. Skyl kirsebærrene og fjern stenene, skræl bananen og hæld alle ingredienserne i blenderen. Lad blenderen arbejde i ca. 30 sekunder, pynt alt efter ønske og servér straks efter tilberedning.

Chokolade-jordnødde-smoothie

Opløs kakaoen i mælken. Hæld kakaomælken i blenderen sammen med jordnøddesmør, den skrællede banan og isen og lav ingredienserne til en cremet masse. Hæld smoothien i glas og pynt med chokolade og nødder.

Ingredienser

2 spsk. kakaopulver

250 ml mælk

2 spsk. jordnøddesmør

1 banan

250 g chokolade- eller vaniljeis

revet chokolade og jordnødder til pynt

Vores køkken-tip

Blokchokolade er nem at rive, hvis man stiller chokoladen og rivejernet i fryseren i en time, inden de skal bruges. Den varme, der afgives, når man river chokoladen, bliver således reduceret og man undgår at chokoladen smelter, som den plejer at gøre. Desuden bliver hullerne i rivejernet ikke så nemt stoppet til.

Vanilje-jordbærmælk

Bland tykmælken grundigt med fløden, mælken og vaniljekornene.
Tilsæt sukker og vaniljesukker og rør grundigt. Fordel 2 kugler is i
to høje glas og hæld vaniljemælken over. Skyl jordbærrene og gør
dem i stand inden de halveres og bruges til at pynte glassene.
Servér drikken straks efter tilberedning.

Ingredienser

200 ml kold tykmælk
50 ml piskefløde
50 ml sødmælk
kornene fra ½ vaniljestang
1 spsk. sukker
1 tsk. vaniljesukker
4 kugler jordbæris
jordbær til at pynte med

Vores variations-tip

*Denne milkshake er nem at variere: du
kan blot erstatte jordbærisen med en
anden isvariant efter eget valg, f.eks.
nødde- eller chokoladeis. Du kan så
drysse reven chokolade eller hassel-
nøddekrokant henover drinken i stedet
for at dekorere den med jordbær.*

Piña-colada-smoothie

Ingredienser

1 banan
1 babyananas eller ½ ananas
200 ml piskefløde
1 tsk. vaniljesukker
200 ml kokosmælk
2 spsk. ahornsirup
knust is
ananasjuice til at fortynde

Skræl bananen, skær den i stykker og stil den i fryseren i 1 time inden tilberedningen. Skræl ananassen, fjern det hårde midterstykke og skær frugtkødet i stykker. Vask to flotte ananasblade og læg dem til side sammen med 2 stykker ananas. Pisk fløden til skum og pisk den sammen med vaniljesukkeret. Hæld kokosmælk, sirup, den frosne banan, ananasstykkerne og en smule is i blenderen og lad den arbejde på højeste hastighed, indtil konsistensen er jævn. Rør massen sammen med fløden og fortynd med ananasjuice, hvis det er nødvendigt. Fordel smoothien i glassene, dekorér med ananasstykker- og blade og servér!

Vores gourmet-tip

Hvis du har lyst, kan du forfine denne smoothie med en sjat rom. Du kan også bruge et cocktailkirsebær som pynt, da det også passer godt smagsmæssigt.

Jordbær-figen-drik

Ingredienser

2 spsk. jordbærsirup
2 spsk. ananasjuice
2 spsk. citronsaft
2 spsk. grapefrugtjuice
6 spsk. purerede figener
isterninger
alkoholfri champagne til at fylde op med
2 jordbær til pynt

Hæld jordbærsirup, ananasjuice, citronsaft, grapefrugtjuice, purerede figener og isterninger i blenderen og miks dem til en jævn masse. Hæld drikken i to vandglas og fyld op med champagne. Pynt med jordbær og servér!

Ingredienser

100 g bløde smørpærer
1 knsp. nellikepulver
250 ml mælk
2 kugler flødeis
80 g chokoladesirup
chokoladespåner eller mynte
til pynt

Shaking Helene

Skræl pærerne og hæld dem i blenderen sammen med
nellikepulver og mælk. Fordel iskuglerne i to glas og hæld
chokoladesirup på toppen. Fyld op med pæremælken.
Pynt med chokoladespåner eller mynte og servér!

Tropisk banan-drik

Skræl bananerne og skær dem i stykker. Blend dem sammen med grenadine, mælk og fløde i ca. 15 sekunder. Hæld drikken i 2 longdrinkglas. Sæt stjernefrugter og citronskiver på spyd og læg dem på kanten af glassene.

Ingredienser

2 bananer
2 spsk. grenadine
120 ml mælk
3 spsk. piskefløde
stjernefrugt- og citronskiver
til pynt

Vores produkt-info

Grenadine er en sirup, som oprindeligt blev fremstillet af saften fra granatæbler. Den grenadine vi i dag kan købe i supermarkedet indeholder imidlertid – hvis overhovedet – kun en lille andel granatæble og består derimod af en blanding af forskellige bær såsom hindbær, sol-bær, brombær og hyldebær. Grenadine har en frugtagtig aroma og afgiver en rød farve.

Jordbæris- smoothie

Ingredienser

150 g jordbær
150 g blåbær
150 g jordbæris
200 ml mælk
en smule jordbærmarmelade
200 ml piskefløde
en smule vaniljesukker

Skyl jordbær og blåbær, lad dem dryppe af og sortér dem. Læg et par blåbær til side, da de senere skal bruges til pynt. Gør jordbærrene i stand og hæld dem i blenderen sammen med jordbæris, mælk og marmelade. Fordel massen i to glas. Hæld blåbærrene i blenderen sammen med 100 ml piskefløde og hæld blåbærpuréen oveni jordbærmassen. Pisk resten af piskefløden til den er stiv sammen med en smule vaniljesukker, fordel en klat i hvert glas og pynt med de blåbær, der tidligere blev lagt til side.

Vores gourmet-tip

Denne smoothie er også flot, hvis den blot er tofarvet: bland al fløden sammen med blåbærrene og start med at fylde denne blanding i glassene. Hæld jordbærblandingen oveni og dryp til sidst en smule jordbærlikør eller frugtbrændevin ovenpå.

Ingredienser

200 g abrikoser fra dåse
saft fra ½ citron
250 g tykmælk
100 ml champagne
¼ tsk. friskmalede
korianderkorn
isterninger

Tykmælks-cocktail

Hæld abrikoserne og den saft, de ligger i, i blenderen sammen
med citronsaft og tykmælk. Bland abrikos-tykmælken med
champagnen, krydr med et pift friskmalede korianderkorn og rør
ingredienserne sammen. Fordel drikken i høje longdrinkglas
sammen med 2 isterninger, pynt som du ønsker det og servér.

Mælkepunch

Opvarm mælken. Opvarm sukkeret, rommen og 1 kanelstang ved svag varme. Tilsæt brandy og appelsinlikør og lad massen stå på blusset indtil den er ved at koge op. Hæld den varme blanding i et krus og fyld op med den varme mælk. Hæld punchen i høje glas og pynt med kanelstænger og reven appelsinskal.

Ingredienser

400 ml mælk
4 tsk. sukker
2 cl rom
3 kanelstænger
1 spsk. brandy
1 spsk. appelsinlikør
revet appelsinskal
fra en ubehandlet appelsin

Vandmelon-avocado-smoothie

Skyl agurken og sellerien og gør dem i stand inden de duppes tørre. Skær sellerien i stykker, befri agurken for kernerne og skær den ligeledes i stykker. Skræl appelsinen og fjern også den bitre, hvide skal. Skær appelsinen i fileter, fjern stenene og opfang den saft, der løber fra. Hæld både appelsinfileter, saft, selleri og citronsorbet i blenderen og purér dem på højeste hastighed. Tilsæt avocadofrugtkødet til appelsin-selleri-massen og miks ingredienserne sammen. Skræl vandmelonen og fjern kernerne, brug melonjernet til at udskære et par melonkugler og læg dem til side. Hæld resten af frugtkødet i blenderen sammen med agurken og blend hurtigt. Stik melonkuglerne på et træspyd og brug det som pynt.

Ingredienser

6 cm agurk
4 selleristænger
1 appelsin
1 kugle citronsorbet
½ moden avocado
½ vandmelon

Vores vitamin-tip

Vandmeloner eftermodner ikke, hvorfor man om muligt bør købe helt modne frugter.

Ingefær-æble-smoothie

Ingredienser

5 myntekviste
2 æbler
1 lille stykke ingefær
250 ml æblejuice
2 spsk. ahornsirup
2 kugler citronsorbet
1 tsk. kanel
½ tsk. muskat
1 spsk. limesaft
6 skiver fra en ubehandlet lime som pynt

Vask mynten og ryst den tør. Nip bladene af og hak dem fint. Skræl æblerne og ingefæren, riv ingefæren, fjern æblernes kernehuse. Hæld ingefær i blenderen sammen med æblerne, æblejuicen, siruppen og citronsorbeten og miks ingredienserne sammen, indtil du har opnået den ønskede konsistens. Rør massen grundigt sammen med krydderierne, limesaften og mynten. Hæld smoothien i glas og pynt med limeskiver.

Vores vitamin-tip

Udskåret frugt bliver ikke brunt, hvis man lægger det i en skål med saltvand, når det er blevet skåret ud. Til en lille skål skal der bruges 2-3 knsp. salt. Frugten smager ikke salt, når den tages op, og f.eks. bananer bliver efterfølgende ikke brune selv efter to timer i kontakt med luft.

Karamel-smoothie

Ingredienser

1 lille banan
5 bløde karamelbolsjer
3 spsk. karamelsirup
1 glas knust is
125 ml maracujasaft
250 ml mælk eller sojamælk
125 ml kokosmælk

Skræl bananen og skær den i stykker. Læg et karamelbolsje til side. Hæld resten af karamelbolsjerne i blenderen sammen med bananen, siruppen og en smule knust is og lad blenderen arbejde på højeste hastighed. Tilsæt resten af ingredienserne, blend smoothien til en skummende masse og fyld den i glas. Smuldr et karamelbolsje henover og/eller drys med en smule krokant.

Vores variations-tip

Smoothien er også lækker i følgende variant: undlad at bruge karamelsiruppen i den oprindelige opskrift. Bland smoothien som det gøres i opskriften og hæld i stedet karamelsiruppen over den færdige smoothie.

Ingredienser

5 hyldeskærme
1 spsk. citronsaft
2 spsk. flormelis
6 isterninger
10 litchi-frugter
mineralvand til at fylde op med

Hyldeblomst-litchi-smoothie

Skyl hyldeskærmene og lad dem dryppe af, nip blomsterne af og hæld ca. 400 ml vand henover dem. Tilsæt citronsaft og sukker og bring det hele i kog. Lad massen blive helt kold. Skræl litchi-frugterne og fjern stenene, læg 2 frugter til side. Hæld isterninger og litchi-frugter i blenderen, purér dem et øjeblik, tilsæt hyldeblomstvandet og rør rundt. Fordel smoothien i glas, fyld op med mineralvand og pynt med de litchi-frugter, der tidligere blev lagt til side.

Vores dekorations-tip

Opløs 2 spsk. sukker i et glas med vand og tilsæt et par dråber citronsaft. Nip blomsterne af hylden og tilsæt rigeligt med blomster til vandet. Bland det hele godt sammen og lad det trække godt. Fyld blandingen i isterningeposer og læg dem i fryseren. Resultatet er dekorative isterninger med små blomsterstjerner.

Maracuja-oase

Rør mælken sammen med maracujasaft, citronsaft og abrikossirup. Fordel citronsorbeten i 2 glas. Hæld forsigtig maracujamælken henover. Pynt glassenes kant med stjernefrugt- og citronskiver og servér straks.

Ingredienser

350 ml mælk
150 ml maracujasaft
saft fra ½ citron
1 sjat abrikossirup
250 ml citronsorbet
stjernefrugt- og citronskiver
til pynt

Vores variations-tip

Til denne kolde drik, kan der også bruges andre sorbet-varianter i stedet for citronsorbet. Det kunne eksempelvis være mango-, appelsin- eller limesorbet.

Birkes-vanilje-smoothie

Ingredienser

1 vaniljestang
150 ml mælk
2 spsk. sukker
2 spsk. malede birkes
300 g sødmælksyoghurt
300 g hindbær
1 tsk. vaniljesukker
en smule blodappelsinjuice
citronmelisse til pynt

Skær vaniljestangen over på langs og skrab kornene ud. Bring en gryde i kog med mælk, vaniljestang og -korn, sukker og malede birkes. Lad massen køle af og tilsæt yoghurt. Skyl hindbærrene og sortér dem. Hæld dem i en sigte og lad dem dryppe af, inden de laves til en fin puré sammen med vaniljesukker og ca. 6 spsk. blodappelsinjuice. Fordel birkes-blandingen i to glas, hæld hindbærmassen oveni og rør rundt med cirkelbevægelser, så der fremkommer en marmoreffekt. Stil smoothien på køl, pynt med citronmelisse og servér.

Vores sundheds-tip

Birkesfrø, mere præcist den olie, som man udvinder deraf, indeholder store mængder linolsyre. Linolsyre er et vigtigt fedtstof, som man skal indtage gennem kosten, da kroppen ikke selv kan fremstille det. For at forstærke smagen og birkesfrøenes næringsstoffer, bør de males meget fint. Birkesfrøene bliver således let olierede og mere aromatiske. Malede birkesfrø kan dog ikke opbevares alt for længe, da de hurtigt bliver harske.

Ingredienser

1 moden papaja
4 kugler vaniljeis
vaniljemælk til at fortynde
en smule solbærlikør til pynt

Papaja-smoothie med solbærlikør

Vores frugt-tip

Da papajaer relativt hurtigt bliver dårlige, skal man bruge dem hurtigt efter køb. De kan kun opbevares i køleskabet i 2-3 dage. Hvis de bliver opbevaret ved stuetemperatur, bliver de hurtigt overmodne. Papajaer må i øvrigt aldrig opbevares ved temperaturer under 7 °C, da de så får kuldeskader.

Skræl papajaen, halvér den og fjern både sten og kerner. Skær frugtkødet i stykker og hæld det i blenderen sammen med vanilje-isen. Miks det hele på højeste hastighed indtil konsistensen er jævn og cremet. Hvis smoothien stadig er for tyktflydende, kan du fortynde med en smule vaniljemælk. Fordel smoothien i glassene og pynt med et stænk solbærlikør og frugter efter eget valg. Serveres straks efter tilberedningen.

Cocktailkirsebær-smoothie

Skyl kirsebærrene og dup dem tørre, fjern stilk og kerner og hæld dem i blenderen. Purér først kirsebærrene ved højeste hastighed, tilsæt så resten af ingredienserne. Miks det hele til en skummende masse, hæld den på glas og pynt hvert enkelt glas med en klat flødeskum og cocktailkirsebær. Smoothien er nu klar til servering!

Ingredienser

1 håndfuld kirsebær

125 ml mælk

125 ml piskefløde

100 ml kirsebærsirup

400 ml kirsebærsaft

3 isterninger

en smule flødeskum og
2 cocktailkirsebær til pynt

Vores vitamin-tip

Det er nemt selv at fremstille kirsebærsirup: hæld 300 ml kirsebærsaft, 300 g rørsukker, 1 kanelstang (eller 1 tsk. stødt kanel), en smule stjerneanis og 1 kryddernellike i en gryde. Bring gryden i kog og lad den koge i ca. 15 minutter, indtil saften er blevet tydeligt mere tyktflydende. Tag krydderierne fra, hæld den varme sirup i en flaske og stil den til afkøling.

Smoothie med stegte æbler og ingefær

Ingredienser

2 æbler
1 spsk. smør
stødt kanel
1 tsk. brunt sukker
2 spsk. finvalsede havregryn
100 g yoghurt naturel (10 %)
¼ tsk. friskreven ingefær
æblesaft eller mælk til at fortynde
2 kanelstænger til pynt

Skyl og skræl æblerne og skær kernehusene fra. Opvarm smørret i en pande, steg et af æblerne med en smule stødt kanel og brunt sukker, indtil sukkeret begynder at karamellisere. Hæld det stegte æble i blenderen sammen med det rå æble, havreflager og yoghurt. Lad blenderen arbejde ved højeste hastighed og blend ingredienserne til en cremet masse. Smag til med et pift ingefær og evt. en smule stødt kanel. Hvis smoothien skal være mere flydende, kan du tilsætte æblejuice eller mælk. Pynt med kanelstænger og servér.

Vores gourmet-tip

Denne smoothie er særlig velegnet i vinterperioden, da det stegte æble spreder en jule-agtig stemning. Hvis du tilbereder den til voksne, kan du evt. raffinere smoothien med 1 eller 2 tsk. Calvados.

Chokolade-banan-smoothie

Ingredienser

2 bananer
300 ml mælk
knust is
2 spsk. chokoladesirup
en smule kakaopulver
alt efter behov

Skræl bananerne. Hæld bananerne, mælken og knust is i blenderen og lad den arbejde ved højeste hastighed.

Fyld smoothien i glas, hæld chokoladesiruppen oveni og rør rundt et par gange, så der fremkommer en flot marmorering.

Drys med kakaopulver og servér.

Vores gourmet-tip

Du kan også erstatte den knuste is med 2-3 kugler vanilje- eller chokoladeis eller raffinere smoothien med en sjat Williams-Christ-pærebrændevin.

Ingredienser

2 spsk. instant-kaffe

4 tsk. sukker

1 knsp. kanel, vaniljesukker
eller kardemommepulver

100 ml piskefløde

250 ml kold mælk

1 spsk. kakaopulver

4 kugler vaniljeis

1 banan

2 isterninger

reven chokolade til pynt

Cappuccino-smoothie

Opløs kaffe og sukker i 100 ml kogende vand. Tilsæt kanel,
vaniljesukker og kardemomme og stil væsken til afkøling.
Hæld væsken i blenderen sammen med fløde, kold mælk, kakao,
2 kugler vaniljeis, den skrællede banan og isterninger og miks det
hele grundigt sammen. Fordel smoothien i glass, fordel 1 kugle is
på toppen af hvert glas, pynt med reven chokolade og servér.

Vores gourmet-tip

*Denne opskrift tilbyder en
ideel anvendelsesmulighed for
tiloversbleven espresso: den
skal sødes let med vaniljesuk-
ker, krydres med en smule
kanel og en knsp. kakao og
hældes i isterningbeholdere
– så kan den nemt inddeles i
portioner. Til denne opskrift
skal der bruges 6 espresso-
terninger.*

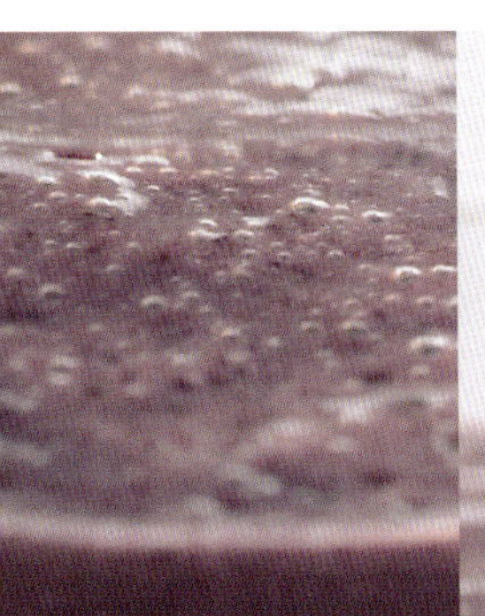

Iskold frugt-smoothie

Skræl bananen og skær den i stykker, skyl bærrene, lad dem dryppe af og sortér dem. Læg 2 klaser ribs til side, da de senere skal bruges til pynt. Skyl ferskenerne og fjern stenene. Læg alle frugterne (undtagen de to klaser ribs) i fryseren i mindst 1 time. Skyl mynten, ryst den tør og nip bladene af 2-3 kviste. Hæld frugterne i blenderen sammen med sukkeret og myntebladene. Hvis smoothien bliver for tyktflydende, kan du fortynde med appelsinsaft eller mælk, indtil du har opnået den ønskede konsistens. Fordel smoothien i glassene, pynt med ribsklaser og mynte og servér!

Ingredienser

1 banan
200 g ribs
200 g blåbær
2 ferskener
½ bundt mynte
1 spsk. flormelis
mælk eller appelsinjuice til at fortynde

Vores årstids-tip

Denne smoothie kan også tilberedes uafhængigt af frugt-sæsonen: om sommeren kan du fryse frugter, som du er særligt glad for, og som ikke er standardsortiment i super-markedets frysedisk. Purerede blandinger er også nemme at fryse. Hvis du har masser af plads i fryseren, kan du samle en bred palet af frosne frugter og bruge dem, som du vil, når du vil.

Ingredienser

2 små mangoer
1 appelsin
250 ml mælk
1 spsk. havtornsirup
4 kugler vaniljeis

Mango-vanilje-smoothie

Vores variations-tip

*Du kan erstatte iskuglerne
med 250 g flødeskum. Hæld
mango, appelsinjuice og mælk
i blenderen og lav en fin puré.
Bland fløden med 2 spsk.
havtornsirup og vend fløde-
massen i frugtblandingen. Der
vil opstå en flot marmorering
og en dejlig smag.*

Skræl mangoerne, skær frugtkødet fra stenen og skær det
efterfølgende i grove tern. Pres saften ud af appelsinen.
Hæld mangostykker, appelsinsaft, mælk, havtornsirup og
2 kugler vaniljeis i blenderen og miks ingredienserne til en fin
puré. Hæld smoothien i glas, fordel 1 kugle is oveni hvert glas
og pynt efter ønske.

Jordnøddesmør-smoothie

Skræl bananen, skær den i stykker og læg den i fryseren i mindst 1 time. Stil ligeledes yoghurten i fryseren i 1 time. Hæld de frosne ingredienserne i blenderen sammen med jordnøddesmørret og lav dem til en fin puré. Tilsæt mælk og vaniljeis. Miks det hele sammen, indtil smoothien har fået en cremet konsistens. Fordel smoothien i glassene og drys med hakkede mandler.

Ingredienser

1 banan
150 g vaniljeyoghurt
1 tsk. jordnøddesmør
250 ml mælk
4 kugler vaniljeis
hakkede mandler til pynt

Vores køkken-tip

Det er nemt at lave sit eget jordnøddesmør: fjern skallen og det brune skind af 125 g jordnødder. Rist dem let på en pande ved middel temperatur. Jordnødderne er færdigristede, når de begynder at dufte. Hæld nødderne i blenderen og lav dem til en puré. Tilsæt jordnøddeolie indtil jordnøddesmørret bliver smidigt. Smag til med en knsp. salt og sukker.

155

Kærnemælks-shake

Ingredienser

500 ml kærnemælk
125 g eksotisk frugtblanding (frisk eller frossen)
1–2 spsk. honning
1–2 spsk. piskefløde
1 håndfuld krydderurter
1–2 spsk. tomatsaft
1–2 spsk. creme fraiche
½ spsk. flødepeberrod
selleristænger til pynt

Hvis du bruger frosne frugter, skal du starte med at tø dem en smule op. Hvis du bruger friske frugter, skal de skylles, tørres og gøres i stand. Hæld efterfølgende kærnemælken i blenderen sammen med frugt, honning og fløde og lav ingredienserne til en fin puré. Skyl krydderurterne, ryst dem tørre og hak dem fint. Rør de hakkede urter sammen med tomatsaft, creme fraiche og peberrod og vend massen i kærnemælksblandingen. Pynt shaken med selleristænger og servér.

Vores dekorations-tip

Selleristænger er en original og passende dekoration til næsten alle krydrede smoothies og shakes og kan samtidig erstatte brugen af en ske til at røre rundt med. Søde opskrifter med kanel er gode med en kanelstang, da den giver er flot udseende og samtidig kan bruges til at røre rundt.

Jordbær-pebermynte-smoothie

Skyl jordbærrene, dryp dem tørre og gør dem i stand. Skyl mynten og ryst den tør. Læg en smule mynte til side, da den senere skal bruges til pynt. Hiv myntebladene af deres stilk, pres citronen og hæld saften i blenderen sammen med resten af ingredienserne. Lad blenderen arbejde på mellemste hastighed indtil resultatet er en cremet puré. Fordel smoothien i glassene og pynt med mynte.

Ingredienser

100 g jordbær
½ bundt frisk mynte
1 lille citron
100 g yoghurt
100 ml mælk
100 g jordbæris

Vores gourmet-tip

Du kan få yderligere mynte-aroma, hvis du hælder kogende vand over rigeligt med mynteblade, søder med en smule honning og lader det trække. Rør det afkølede myntevand sammen med smoothien. Hvis du gør brug af denne mynteblanding, skal du undlade at tilsætte en tilsvarende mængde mælk, så det hele ikke bliver alt for flydende.

Sovedrik

Ingredienser

250 ml sødmælk
2 tsk. honning
1 tsk. brunt sukker
knust is
30 g mørk og lys,
reven chokolade
friskreven muskatnød
kanelstænger

Hæld mælken i en gryde, opvarm den let, opløs honning og sukker i den lune mælk. Stil gryden til afkøling. Hæld knust is i en blender og bland det op med kold mælk. Fordel drikken i cocktailglas. Pynt med revet chokolade, muskat og kanelstænger inden drikken er klar til servering.

Ingredienser

350 ml mælk
25 g finthakkede mandler
20 g sukker
kornene fra ½ vaniljestang
1 spsk. æggelikør
2 kugler karamelis
2 kugler chokoladeis
reven, hvid chokolade

Mandelmælk

Hæld mælk, mandler, sukker, vaniljekorn og æggelikør
i shakeren og bland omhyggeligt. Fyld drikken i glas og
fordel 1 kugle karamel- og chokoladeis oveni hvert glas.
Pynt med reven chokolade og servér.

Vores variations-tip

I helsekostforretninger findes
der en såkaldt mandelmælk,
som er en plantedrik fremstil-
let af mandler og vand. Hvis du
bruger denne mandelmælk i
stedet for almindelig mælk, vil
drikken få en endnu mere
intens mandelsmag.

Jade-smoothie

Skyl og skræl agurken. Læg to agurkeskiver til side. Halvér agurken på langs, skrab kernerne ud med en ske og hæld agurken i blenderen. Skyl mynten, dup den tør, læg et par blade til side og put mynten i blenderen sammen med æblesaft og isterninger. Bland ingredienserne grundigt sammen ved blenderens højeste hastighed. Rør efterfølgende hurtigt væsken sammen med citronsorbeten til en jævn, cremet smoothie. Pynt med mynte og agurkeskiver og servér.

Ingredienser

½ agurk

2 tsk. mynteblade

200 ml æblejuice

4 isterninger

2 kugler citronsorbet

Vores vitamin-tip

Hvis du foretrækker en mere cremet smoothie, kan du tilsætte en halv, pureret avocado. Bland først avocadoens frugtkød med en smule citronsaft, så den flotte, grønne farve bliver bibeholdt, og frugten ikke bliver brun. Bland efterfølgende avocadoen med resten af ingredienserne. Smag til med en knsp. salt og en skefuld honning.

Saftshakes & Co

Ingefær-limonade

Ingredienser

3 lime
1 spsk. vaniljesukker
2 spsk. brunt sukker
2-3 tsk. fintreven, frisk ingefær
600 ml mineralvand
2–3 tsk. hindbær- eller ribssirup
1 tsk. rosenvand
isterninger efter eget ønske
mynte til pynt

Pres saften ud af limefrugterne og bland den sammen med begge slags sukker og ingefæren i en skål. Rør rundt, indtil sukkeret er opløst og tilsæt forsigtigt mineralvand. Tilsæt til sidst siruppen og rosenvandet og rør ingredienserne sammen. Hæld drikken i høje, slanke glas sammen med isterninger og pynt med mynteblade.

Vores dekorations-tip

Hvis du har dine egne, usprøjtede roser, kan du gøre limonaden særligt indbydende: læg blot 2-3 rosenblade i bunden af glasset og fyld op med limonaden.

Ingredienser

1 ubehandlet citron
350 ml rød druesaft
125 ml grapefrugtsaft
2 spsk. maracujasirup
knust is
4 citronskiver til pynt

Drue-grapefrugt-mix

Vask citronen i varmt vand, tør den og riv citronskallen.
Pres citronen så saften drypper fra. Hæld safterne og siruppen
i en shaker eller i en blender og bland dem grundigt sammen.
Smag til med citronsaft og revet citronskal. Hæld en smule knust
is i glassene og hæld saften oveni. Pynt med citronskiver og
servér straks efter tilberedning.

Vores frugt-tip

*Druer indeholder druesukker,
som kroppen har nemt ved
at optage, og som derfor er
en garanti for energi. Druer
understøtter samtidig krop-
pens udrensning og leverer et
utal af vigtige næringsstoffer.
Drueskallerne indeholder
naturlige anti-aging-stoffer,
de såkaldte polyphenoler, som
beskytter mod frie radikaler
og tidlig rynkedannelse, og
som samtidig fremmer pro-
duktionen af nye celler.*

Tropical citrus

Hæld appelsinsaft, grapefrugtsaft, kokossirup, citron-
saft og grenadine i longdrinkglas. Fyld op med is.
Pynt shaken med citron og ananaskirsebær og servér.

Ingredienser

100 ml friskpresset
appelsinsaft

100 ml friskpresset
grapefrugtsaft

6 spsk. kokossirup

2 spsk. citronsaft

1 tsk. grenadine

isterninger

citronskiver og
ananaskirsebær til pynt

Vores produkt-tip

*Kokossirup er utrolig velegnet til at
aromatisere desserter, bagværk, kaffe
og drinks. Du kan også gøre flødeskum
mere raffineret ved hjælp af kokossirup:
pisk fløden som du plejer, tilsæt langsomt
kokossiruppen (mængden tilsættes alt
efter den ønskede smag).*

Ingredienser

3 appelsiner

6 cm agurk

250 ml maracujasaft

2 spsk. maracujasirup

en smule knust is

2 skiver fra en ubehandlet
appelsin, der skal bruges
til pynt

Passionsfrugt-punch

Vores gourmet-tip

*Denne smoothie bliver særligt
pikant, hvis du tilsætter en
smule frisk ingefær: skræl
ingefæren, riv den og rør ca.
¼ tsk. sammen med punchen.*

Pres saften ud af appelsinerne, skræl agurken, fjern kernerne
med en ske, skær frugtkødet i stykker og pres det igennem en
sigte. Hæld agurken i shakeren sammen med safter, sirup og
ca. 250 ml vand. Tilsæt en smule knust is og ryst det hele godt
sammen. Fordel punchen i glassene, pynt med appelsinskiver
og servér omgående efter tilberedning.

Kiwi-melon-shake

Halvér galiamelonen, fjern kerner og tråde i midten.
Skræl kiwierne og skær stokken fra. Pres frugtkødet fra kiwierne
og melonen igennem en sigte og opfang den saft, der løber fra.
Hæld alle ingredienserne i shakeren og miks indtil sukkeret er
helt opløst. Hæld shaken i glas, fyld op med is og pynt
med citronskiver inden servering.

Ingredienser

1 galiamelon, afkølet
3 kiwier, afkølede
250 ml appelsinjuice
en smule brunt sukker
2 stænk citronsaft
isterninger alt efter behov
2 skiver fra en ubehandlet
citron, som skal bruges til pynt

Vores gourmet-tip

*Hvis du foretrækker en
mere fyldig shake, kan du
tilsætte en halv avocado.
Skrab avocadoens frugtkød
ud med en ske og bland det
med et stænk citronsaft, så
frugtkødet ikke bliver brunt.
Hvis du vil lave shaken med
avocado, skal du imidlertid
tilberede den i blenderen.*

Kiwi-jordbær-honning-shake

Ingredienser

1 kiwi
500 g jordbær
150 ml banansaft
300 ml æblejuice
2 spsk. honning

Skræl kiwien og læg to kiwiskiver til side, som senere skal bruges som pynt. Skær resten af kiwien i meget små stykker. Skyl jordbærrene og gør dem i stand, læg ligeledes to jordbær til side til pynt. Hæld resten af jordbærrene i en frugtpresser. Hæld jordbærsaften i shakeren sammen med alle andre ingredienserne (på nær kiwiskiverne) og bland dem godt sammen. Fordel shaken i glas, pynt hvert glas med 1 frugtspyd og servér dem med en ske.

Vores dekorations-tip

For at fremhæve smoothiens farver, kan du purere kiwi og jordbær enkeltvis med en smule honning og derefter hælde kiwi- og jordbærmassen i isterningebeholdere hver for sig. Hvis det er muligt, kan du vælge forskellige isterningeformer til den enkelte frugtpuré. Når frugtmosen er fast, kan du bruge den som rød eller grøn dekoration i din smoothie.

Jordbær-blåbær-shake

Skyl jordbærrene og blåbærrene, gør dem i stand og pres saften ud af dem. Tilsæt appelsinjuicen. Hæld det hele i shakeren sammen med honning eller ahornsirup. Hvis du foretrækker en mere kølig variant, kan du tilsætte knust is eller isterninger til blandingen. Hæld shaken i longdrinkglas og pynt den efter eget ønske og fantasi.

Ingredienser

200 g jordbær
200 g blåbær
400 ml appelsinjuice
2 tsk. honning eller ahornsirup
isterninger eller knust is
alt efter eget ønske

Vores gourmet-tip

Denne shake kan også gøres en del sødere ved hjælp af diverse flødeissorter. Vanilje-, blåbær- og jordbæris er det oplagte valg, men forsøg dig en dag med 2-4 kugler valnøddeis: det er lækkert på en sommerdag!

Hindbær-limonade

Ingredienser

100 g hindbærpuré
1 spsk. citronsaft
250 ml Bitter Lemon-sodavand
½ ubehandlet citron
250 ml mineralvand

Rør hindbærpuré, citronsaft og Bitter Lemon-sodavand sammen i en karaffel og stil den et køligt sted. Skær citronen i skiver. Inden servering skal det iskolde mineralvand og citronskiverne hældes sammen med limonaden.

Ingredienser

200 g kiwi
200 ml ananasjuice
200 ml æblejuice
isterninger
kiwiskiver og cocktailkirsebær
til pynt

Kiwi-drøm

Skræl kiwierne og lav dem til en puré. Bland juicen godt sammen
med kiwipuréen. Hæld drikken i glas, tilsæt isterninger og pynt
med kiwiskiver og cocktailkirsebær.

Maracuja-shake

Ingredienser

2 passionsfrugter
½ citron
5 ubehandlede appelsiner
knust is
250 ml maracujasaft

Halvér passionsfrugterne og skrab frugtkødet ud med en ske. Vask citronen og appelsinerne, læg to appelsinskiver til side til dekoration, pres saften ud af resten af frugterne. Afkøl glassene idet du fylder dem med knust is. Hæld ca. 1 glas knust is i en blender og tilsæt safterne og passionsfrugternes frugtkød. Lad blenderen arbejde i ca. 30 sekunder på højeste hastighed. Fjern isen fra glassene og fyld op med drikken. Fyld glassene op med knust is, hvis det ønskes, pynt med appelsinskiver og servér.

Vores variations-tip

Denne shake er god at variere med grapefrugt: i stedet for appelsinjuice bruger man således grapefrugtsaft og dekorerer drikken med 2 halve grapefrugtskiver. Pressede, ubehandlede citroner kan i øvrigt rives, bredes ud på sugende papir og tørres. Lav efterfølgende de revne skaller til pulver og brug det som aroma-ingrediens i desserter, kager eller sommerdrikke.

Granatæble-drik

Skær granatæblet over, tryk frugtkernerne ud og pres saften fra. Pres ligeledes citronen for dens saft. Skræl melonen, læg 2 stykker til side til pynt, pres resten igennem en sigle og opfang den saft, der løber fra. Skræl ingefæren og riv ca. ½ tsk. fint. Rør alle ingredienserne, på nær Ginger Ale, sammen eller bland dem godt i shakeren. Fyld shaken i glas, så den udgør 1/4, hæld Ginger Ale oveni. Rør kort det hele sammen og pynt med melonstykker, inden drikken er klar til servering.

Ingredienser

1 granatæble
1 citron
¼ afkølet vandmelon
½ cm ingefær
250 ml Ginger Ale eller mineralvand med brus
melonstykker til pynt

Vores vitamin-tip

Granatæbler eller frisk granatæblesaft forebygger aldring og åreforkalkninger. I USA går den aromatiske granatæblesaft ligefrem for at være dette årtis sundhedsdrik. I Hollywood er den avanceret til at være den mest populære pausedrik på diverse filmset.

Ingredienser

3 ubehandlede lime
4 tsk. flormelis
400 ml ferskensaft
en smule sukker til pynt
knust is

Frozen Peach Daiquiri

Vores vitamin-tip

Denne smoothie kan nemt forvandles til en klassisk smoothie, hvis man bruger 1-2 modne ferskner og en halv banan. Du skal blot skylle frugterne, skære dem i stykker og blande dem med fersken- og limesaften samt flormelissen.

Vask limefrugterne, tør dem og læg to skiver til side, som senere skal bruges til pynt. Pres frugterne for deres saft. Brug vand og en smule sukker til at lave en knasende kant rundt om glassenes rand. Sæt efterfølgende glassene i køleskabet. Rør resten af lime- og ferskensaften sammen med flormelis og en håndfuld knust is og ryst evt. ingredienserne sammen. Fordel forsigtigt drikken i glassene og servér omgående efter tilberedning.

Amore

Hæld knust is i de glas, som du har tænkt dig at servere drikken i, så glassene kan afkøle. Pres saften fra citronerne og hæld 2 spsk. citronsaft i blenderen sammen med alle ingredienserne, på nær chokoladen og cocktailkirsebærrene. Lad blenderen arbejde på højeste hastighed. Fjern isen fra de afkølede glas og fordel drikken i glassene. Pynt hvert enkelt glas med 1 stk. chokolade og 1 cocktailkirsebær og servér.

Ingredienser

knust is
½ citron
250 ml maracujasaft
250 ml ananassaft
125 ml ferskensaft
2 spsk. amarettosirup
2 stk. hvid chokolade
2 cocktailkirsebær

Vores dekorations-tip

Start med at fylde glassene med en god sjat grenadine og fyld efterfølgende op med saften. Rør rundt en enkelt gang og drikken har fået en flot, rød kulør. Amarena-kirsebær er også yderst velegnede som pynt.

Maj-cocktail

Ingredienser

1 bundt skovmærker
200 g sukker
1 ubehandler citron
(kan erstattes af 250 ml
skovmærke-sirup)
200 ml æblejuice
200 ml mineralvand

Skyl skovmærkerne og gør dem i stand, bind stænglerne sammen med tråd og læg dem i en gryde med 500 ml vand, sukkeret og 1 citronskive. Lad det koge op og lad det koge halvt ind. Tag efterfølgende gryden af blusset og lad massen trække i ca. 25 minutter. Hvis du synes, at denne proces er for besværlig og tidskrævende, kan du sagtens bruge færdigfremstillet skovmærke-sirup.

Pres resten af citronen for dens saft og hæld den i en karaffel sammen med skovmærke-siruppen og rør rundt. Tilsæt æblejuice og mineralvand og rør ingredienserne grundigt sammen. Sæt drikken i køleskabet og lad den trække i mindst 25 minutter. Tilsæt isterninger, hvis du ønsker det og server.

Vores køkken-tip

Du kan også tilberede skovmærkesirup og have det på lager: hæld 1 kg sukker i 1,5 l vand. Lad det hele koge indtil væsken har en klar farve. Stil gryden til afkøling. Opløs 30 g citronsyre (fra apoteket) i en smule sukkersirup og bland det sammen med siruppen. Tilsæt 2 citronskiver og 1 bundt skovmærker. Lad siruppen stå tildækket i 5 dage på et koldt sted, hæld massen i en sigte og fyld den på flasker. Opbevares ved lav temperatur.

Juanitas mix

Skyl jordbærrene og læg dem til side med stilk og grønt på.
Hæld alle ingredienser, undtagen mineralvand, i en shaker
og miks det hele grundigt sammen. Fordel blandingen i glassene,
fyld op med mineralvand og pynt med de jordbær, der tidligere
blev lagt til side. Serveres kort efter tilberedning.

Ingredienser

2 jordbær
200 ml maracujasaft
200 ml ananassaft
2 spsk. jordbærsirup
125 ml mineralvand

Vores variations-tip

*Hvis du ikke har jordbærsirup
ved hånden, kan du også bruge
hindbærsirup og et par hindbær
som pynt. Hvis du vil give drikken
et ekstra pift, kan du også tilsætte
et sjat hindbærbrændevin og
nyde den i de sene aftentimer.*

Hindbæristerninge-shake

Ingredienser

150 g hindbær
3 appelsiner
4 æbler
250 ml banansaft
1–2 spsk. grenadinesirup

Skyl hindbærrene, hæld dem i en sigte og lad dem dryppe af, hvorefter de pureres. Hæld hindbærpuréen i en isterninge-beholder og sæt den i fryseren. Pres saften fra appelsinerne og opfang den saft, der løber fra, vask æblerne og pres dem ligeledes for saft. Hæld appelsin-, æble- og banansaft i shakeren sammen med siruppen og miks det hele godt sammen. Tilsæt hindbær-isterningerne og server. Dekorer shaken, som du ønsker det: kun fantasien sætter grænser.

Vores produkt-info

Ahornsirup ligner honning med henblik på den meget tyktflydende konsistens og er derfor ideel, når man skal søde blandede drinks. Siruppen bliver udvundet af saften fra ahorntræer. Ahornsirup indeholder mange mineraler, men kun ganske få vitaminer, da saften bliver kogt op helt op til 50 gange, for at opnå den sirupsagtige konsistens. Jo lysere sirup-pens farve er, desto mildere er aromaen og desto bedre er dens kvalitet.

Ingredienser

150 ml ananassirup

150 ml appelsinjuice

150 ml citronsaft

8 isterninger

en smule chokoladesauce og flødeskum til pynt

Ananas-cocktail

Hæld siruppen og safterne i en shaker og bland det hele godt sammen. Fordel isterningerne i to glas og hæld saften oveni. Pynt med en klat flødeskum og en smule chokoladesauce og servér omgående efter tilberedning.

Vores sundheds-tip

Ananas er ikke kun lækkert, men også sundt. Hvis du indtager blot 100 g ananas, får du dækket dit daglige behov af kalium, kalcium og magnesium op til flere gange, og du får samtidig rigeligt med vitamin C.

Sunshine-shake

Pres saften ud af appelsinerne, skræl papajaen, fjern kernen og pres frugtkødet igennem en sigte. Hæld begge safter i mikseren sammen med gulerodssaften og bland det hele sammen. Tilsæt knust is og sirup og miks hurtigt ingredienserne sammen. Fordel shaken i glassene, pynt med cocktailkirsebær og servér.

Ingredienser

5 appelsiner

1 moden papaja

125 ml gulerodssaft

knust is

en smule ahornsirup til at smage til med

cocktailkirsebær til dekoration

Vores dekorations-tip

Denne smoothies farve bliver endnu mere intens, hvis du tilsætter en blodappelsin. Det er også utrolig flot, hvis man hælder en smule grenadine i bunden af hvert glas og efterfølgende fylder forsigtigt op med saften.

Register